리더의 심장

The Heart of Leadership

너무 뜨겁지도, 너무 차갑지도 않게

리더의 심장

조슈아 프리드먼 지음 | 박우춘 · 김태균 옮김

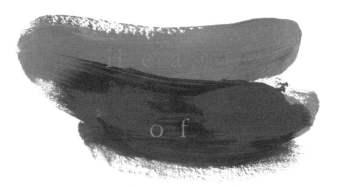

The

Heart

of

Leadership

쌤앤파커스

차 례

Part 1 ——— '리더의 심장'이 제대로 뛰고 있는가?

왜 똑똑한 사람들이
실패할까?

— 피터 샐러비Peter Salovey, 예일대학교 총장

　뛰어난 전문기술과 분석적인 지능을 가진 직원들이, 그렇지 못한 직원들에 비해 업무성과가 더 좋은 건 분명하다. 그러나 아주 재능 있는 사람들, 그러니까 기술도 뛰어나고 똑똑한 사람들이 실패하는 경우도 많다. 도대체 왜 똑똑한 사람들이 조직에서 실패할까? 실패의 이유를 좀 더 파헤쳐보면 동료와의 불화나 상사와의 갈등, 또는 실용적인 지능('길거리 지능'이라 부르는)의 부족이 대표적이다.

　1990년에 이런 주제에 대한 첫 논문을 발표한 이래, 우리는 여러 연구를 통해 '정서지능Emotional Intelligence'(감정적 지능지수 또는 '감성지능'이라고 주로 하는데, 이 책에서는 '정서지능'으로 쓴다. - 옮긴이)이라 불리는 또 다른 종류의 지혜가 있다는 사실을 밝혀냈다.

그리고 정서지능을 테스트해보면 비즈니스 환경에서 성공할 사람인지 아닌지 알 수 있다.

정서지능이란, 자신의 기분과 감정을 제대로 인지하고, 이해하고, 조절하는 능력이다. 단언컨대 이 능력을 잘 활용하면 행복과 성공을 둘 다 손에 넣을 수 있다. 학자들이 말하는 정서지능에는 여러 모델이 있는데, 그 모델들은 하나같이 심리적 능력과 특징들을 강조한다. 그런데 그 심리적 능력과 특징들은 기존의 IQ 테스트로는 측정되지 않고, 반드시 업무와 관련 있는 것도 아닌데, 한 사람의 개인적 인간관계와 가정생활 그리고 직장생활에서의 성공 여부에 큰 영향을 주었다.

정서지능은 부정적인 감정을 억누르고 긍정적인 감정을 북돋우는 능력이 아니다. 정서지능은 다음과 같은 4가지 독특한 능력으로 나눠볼 수 있다.

첫 번째 능력은 '인지하는 감정perceiving emotion'으로, 얼굴과 그림, 음성, 공예품 등에 담긴 감정들을 감지해 판독한다. 자신의 감정들을 알아보는 능력도 여기에 속한다. 인지하는 감정은 정서지능의 가장 기본적인 측면으로, 다른 모든 감정정보를 처리한다.

두 번째 능력은 '활용하는 감정using emotion'으로, 감정을 활용해 사고, 문제해결 같은 다양한 인지활동을 가능하게 해준다. 예를 들어 약간 슬픈 기분일 때 사람들은 조심조심 행동한다. 하지만 반대로 행복한 기분일 때는 창의적이고 혁신적인 사고가 활발하게 일어날 수 있다. 그래서 정서지능이 높은 사람은, 수시로 변화하는 자신의 기분을 현재 하는 일에 잘 활용해 최대한 좋은 결과를 낸다.

세 번째 능력은 '이해하는 감정understanding emotion'으로, 감정언어를 이해하고 여러 감정들 간의 복잡한 관계를 이해한다. 예를 들어 행복감과 황홀감의 차이처럼, 감정 간의 미묘한 차이를 감지하는 능력도 여기에 속한다. 또한 충격이 서서히 슬픔으로 변해가듯 시간의 흐름에 따른 감정변화를 알아채고 설명할 수 있는 능력 또한 이 '이해하는 감정'에 속한다.

네 번째 능력은 '관리하는 감정managing emotion'으로, 우리 자신과 다른 사람들의 감정을 조절하는 능력이다. 살다 보면 누구나 잠시 또는 종종 스스로 곤혹스러울 만큼 심각하게 감정관리가 안 될 때가 있다. 다른 사람의 감정을 관리하는 능력도 여기에 속한다. 예를 들어 정서지능이 높은 리더는 자신의 분노를 끌어올려, 그 분노를 활용해 다른 사람들에게 뭔가 영감을 주는 강력한 연설을 할 수도 있다. 따라서 정서지능이 높은 사람은 감정을 잘 조절하고 관리해 원하는 목표를 달성하기도 한다.

그간의 연구를 통해 우리는 정서지능이 높은 사람들이 직장에서 업무성과도 더 좋다는 것을 밝혔다. 예를 들어 미국의 한 건강보험회사 직원들이 스스로의 정서지능을 평가했다. 이들은 서로 다른 관리자가 이끄는 다양한 팀에 소속된 직원들이었다. 그러고 나서 회사 측에 직원들이 직장에서 보여주는 여러 능력에 대해 평가하게 했다. 서로 간의 스트레스와 갈등을 얼마나 잘 해결하는지, 또 리더가 될 잠재력은 어느 정도인지 등을 평가하게 한 것이다. 또한 회사는 관리자들에게도 자기 팀원들을 평가하게 했다.

결과를 모아보니, 정서지능이 높은 직원들은 동료들로부터 높은 평가를 받았다. 함께 지내기가 더 편하고 직장의 분위기를 긍정적으로 만든다는 평가를 받은 것이다. 게다가 관리자들 역시 그들이 대인관계도 더 좋고, 스트레스도 더 잘 대처하며, 리더가 될 잠재력도 더 높다고 평가했다. 심지어 정서지능이 높은 직원은 대체로 급여도 더 많이 받았고 승진도 더 빨랐다.

오늘날 리더들은 극심한 압박에 시달린다. 그래서 더더욱 정서지능이 중요해졌다. 세계 각지에서 모여든 사람들과 함께 일해야 한다는 것도 그런 압박 중 하나다. 예를 들어 중국 경제는 지금 급격한 변화를 겪고 있다. 중국인들로만 구성되었던 기존 조직은 다양한 인종과 국적을 가진 사람들로 새롭게 구성되었고, 제품과 서비스 또한 세계를 향해 나가고 있다. 안팎으로 글로벌 기준에 맞춰야 살아남을 수 있는 환경에서 문화적 차이로 인한 각종 오해가 생겨날 수밖에 없다. 그런데 그 '문화적 차이' 중 일부는 사람의 정서 혹은 감정과 관련이 깊다. 예를 들어 정서지능이 높은 미국인이라면, 중국에서 사업을 할 때 사업제안을 하기에 앞서 먼저 잠재고객과 신뢰관계를 구축하는 게 더 중요하다는 걸 잘 안다. 그러나 나는 좋은 사업관계를 유지하다가도 종종 감정상의 오해로 문제가 생기는 걸 많이 봐왔다.

당연한 말이지만, 서양의 비즈니스 스타일은 동양과 다른 문화적 전통에서 생겨났다. 서양인들은 오랜 세월 개인의 독자성과 미래에 대한 통제력을 중시한 아리스토텔레스와 플라톤 같은 고대 그리스 철학자들을 존경해왔다. 반면 동양인들은 전통적으로 다른 사람들과 좋은 관계를 유지하는 데 필요한 조화와 자기절제를 중시해왔다. 예를 들어 공자는 가족 구성원과 조화로운 관계를 유지하기 위해 개인이 감정을 절제해야 한다고 강조하기도 했다. 그리 놀라운 일도 아니지만, 서양인들은 모든 문제에 '올바른 답'이 있고, '논리'를 통해 그 답에 도달할 수 있다고 믿는다. 반면 동양인들은 어떤 논의든 그 양극단에 진리가 있고, 해결책은 제3의 길, 또는 중도에 있다고 믿는 경향이 있다.

이렇게 서로 다른 지적·문화적 전통들 때문에 감정을 느끼고 표현하는 스타일 역시 다르고, 그 때문에 비즈니스의 결과도 달라진다는 것을 제대로 이해해야 한다. 예를 들어 북미인들은 대개 모임에(심지어 사교행사에도) 조금 늦게 가지만, 중국인 사업가들은 공식적인 모임이든 사교적인 행사든 정시에 가거나 조금 일찍 간다. 이 같은 관행 차이로 인해 북미인들과 중국인들은 상대방의 행동에 대해 서로 다른 감정적 반응을 보인다.

중국인은 약속장소에 몇 분 늦게 도착한 미국인을 보며 놀라움과 모욕감을 느끼고, 반대로 미국인은 중국인 사업 파트너가 잔뜩 안겨주는 선물에 놀라고 자신은 선물을 준비하지 않았다는 사실에 당혹스러워한다. 사소해 보이지만, 철학적 차이를 극명하게 보여주는 사례일 수도 있다.

직장 내에서 생겨나는 여러 감정에 대해 알고, 정서지능을 개발하는 일은 매우 중요하다. 글로벌 비즈니스 환경의 문화적 갈등이나 오해를 풀기 위해서만이 아니다. 우선 감정은 개인으로서, 또 하나의 종種으로서 인간의 생존에 반드시 필요하다. 우리가 살고 있는 세상은 극도로 복잡하고, 그 변화의 속도에 맞춰 행동하려면 감정에 제대로 접근할 필요가 있다. 감정을 통해 스스로에게 도움이 되는 쪽으로 동기부여하고 생각을 집중시킬 수 있기 때문이다. 감정은 불필요한 군더더기가 아니다. 우리의 삶에 흥미를 더할 뿐 아니라, 생존 그 자체를 위해서도 꼭 필요하다. 감정은 주변 환경에 대한 중요한 정보를 주고, 그것은 우리가 살아남아 번성하는데 큰 도움이 되기 때문이다.

이 책을 추천하게 되어서 큰 영광이다. 이 책을 쓴 조슈아 프리드먼은 내가 여러 해 동안 알고 지내며 존경해온 인물이다. 이 책은 사회적감정적 기술을 개발해온 교사의 관점과 직접 조직을 운영하고 조직과 함께 일해본 경험이 많은 베테랑 리더의 관점이 모두 망라되어 있다. 이와 같은 단단한 토대 위에, 여러분의 경험까지 더해지면 직장에서든 가정에서든 정서지능을 확실히 여러분의 것으로 만들 수 있을 것이다.

사람의 마음속에서
풀려나오는 특별한 능력

오늘날의 세상은 내가 살아온 그 어느 때보다 모든 게 더 양극화되고 드라마틱하게 변화하고 있다. 그 속에서 사람들은 두려움에 떨며(때론 정치인들이 눈앞의 이익을 위해 그 두려움을 부채질하기도 하지만) 자신을 지키려고 애쓰거나, 달아나거나, 아니면 공격한다. 그러나 20년 넘게 세상을 돌아다니며 '정서지능'을 공유하면서, 나는 뭔가 다른 걸 바라는 많은 사람들을 만났다. 우리에겐 여러 선택지가 있고, 정서지능을 통해 우리 자신과 세상을 위해 뭔가 변화시키는 선택을 할 수 있다.

누군가가 우리에게 다른 사람을 비난하도록 이간질한다 해도, 우리는 이간질을 거절하고 품위 있게 행동할 수 있다. 우리의 선택에 달렸다. 사람은 다 다르지만, 우리 자신의 선택을 통해 공통점을 찾을 수 있다. 또한 원하는 것을 다 손에 넣지 못한다 해도, 우리는 '풍족하게 느끼기'를 선택할 수 있다. 설사 두려운 것이 많다 해도, 우리는 '용기 있는 행동'을 선택할 수 있다. 다시 말해 우리는 매사에 무의식적인 반응을 보이는 대신, 나름의 의도에 맞게 행동할 수 있다. 그게 바로 점점 강해지는 정서지능의 힘이다. 이 일을 시작할 때만 해도 나는 그걸 알지 못했다.

유대인 신경학자 겸 정신의학자 빅터 프랭클Viktor Frankl은 아우슈비츠 수용소에서 살아남은 사람이다. 그는 집단수용소에 갇힌 사람들이, 그야말로 아무것도 없는 상황에서 대체 어떻게 의미 있는 삶을 살 수 있었는지 저서 《죽음의 수용소에서》에서 보여주었다. 경영학자 스티븐 R. 코비Stephen R. Covey는 그 책에서 배운 교훈을 다음과 같이 소개했다.

"자극과 반응 사이에는 간극이 있다. 그리고 그 간극에 우리의 자유가 있고 자신의 반응을 선택할 수 있는 힘이 있다. 그리고 우리의 반응 속에는 성장이 있고 행복이 있다."

우리가 만일 그 간극을 넓히는 법을 배울 수 있다면 어떨까? 그 간극을 좀 더 잘 활용하는 법을 배울 수 있다면?

1992년 나는 누에바 스쿨(미국 캘리포니아에 있는 영재학교로 IQ

126 이상이 입학조건 중 하나다. - 옮긴이)에서 그곳을 방문한 심리학자 대니얼 골먼Daniel Goleman을 만났다. 당시 나는 그 학교에 처음 온 선생님이었고 하루하루 아이들에게 적응하는 데 급급해 다른 데 신경 쓸 겨를이 없었다. 그는 내게 우리가 배움의 감정적·학문적 측면들을 엮는 것이 '정서지능' 모델이라고 했다. 그전까지 나는 '정서지능'이란 말을 한 번도 들어본 적이 없었고, 그래서 당시 그 말은 왠지 모순된 말처럼 들렸다. 몇 년 후 그의 책《감성지능》이 출간됐고, 그 책은 삽시간에 세계적인 베스트셀러가 되었다. 그리고 나에게 이런 전화가 오기 시작했다.

"정서지능 기술이야말로 우리에게 꼭 필요한 것입니다. 그런데 골먼의 말로는 당신이 그 기술을 가르칠 수 있다고 하더군요. 우리에게 그 기술을 가르쳐주시겠습니까?"

1997년 누에바 스쿨의 실무 책임자인 애나벨 젠슨Anabel Jensen 박사가 내게 그 프로젝트에 참여할 의향이 있는지 물어왔다. 그렇게 해서 누에바 스쿨의 설립자 캐런 맥카운Karen McCown과 동료 마샤 라이드아웃Marsha Rideout의 도움을 얻어 식스세컨즈Six Seconds 정서지능 프로그램을 시작했다.

우리는 실현 가능성, 그러니까 과학과 현실 사이의 간극에 집중하고 싶었다. 어떻게 하면 학교에서, 삶에서, 직장에서 정서지능을 적용하고 발전시키고 활용할 수 있을까? 어떤 것이 효과적이고, 어떻게 하면 그 효과를 더 높일 수 있을까?

그 후로 나는 20년 넘게 전 세계를 돌아다니며 많은 사람들을 만났고, 이런저런 행운도 맛보았다. UN 라이베리아 지부의 지하 회의실에서, 슐룸베르거 사의 세일즈 리더들을 위한 고급 호텔들에서, 피츠버그에 있는 한 제조공장에서, 또 시실리에 있는 한 해군기지에서, 우리는 계속 다음과 같은 질문에 맞닥뜨렸다.

"감성이나 정서를 이용한 접근법이 우리 조직에서도 통할까요?" 그리고 이 질문에 대한 내 답은 이랬다. "저도 확신은 못하겠네요. 어떤지 직접 해볼까요?"

그리고 이런 질문과 답은 지금까지도 계속되고 있다.

처음 아랍 지역에 갔을 때 나는 큰 회의감에 빠졌다. 유대인의 후손으로 미국에서 살고 있는 내가 아랍인들에게 감정에 대한 얘기를 하다니, 대체 이게 뭐하는 짓이지 했다. 그런데 그 전에도 그랬고 그 후에도 그랬듯, 나는 '감정공유'의 힘에 놀랐다. 당시에 그리고 그 이후 계속해서 나는 내 감정들을 확인하고, 그것들을 있는 그대로 정직하게 표현할 용기를 가지면, 뭔가가 변화하고 내면에 숨어 있던 뭔가가 풀려나온다는 걸 알게 됐다.

'식스세컨즈 정서지능 프로그램'이 전 세계 150개국 이상, 20개

언어로 전파되면서, 나는 사람들의 마음속에서 '풀려나오는' 이 능력이야말로 우리 자신과 세상에 가장 필요한 것임을 점점 더 확신하게 되었다. 그 3가지 이유는 다음과 같다.

첫째, 지혜롭게 잘 다룬다면 감정은 우리에게 통찰력을 준다. 감정은 문자 그대로 생화학적 메시지다. 모든 감정은 (진화의 산물이든, 신의 선물이든) 그만한 이유가 있어 존재한다. 감정은 우리의 생존과 번영에 무엇이 중요한지를 깨닫게 해주는 조짐 혹은 징후 같은 것이다.

둘째, 감정은 우리를 서로 연결해준다. 감정은 일종의 '만국 공통어'다. 감정은 관심도나 중요도, 유용성 등에서는 저마다 큰 차이가 있지만, 각 감정의 핵심적인 느낌들은 거의 다 비슷하다. "사랑하는 사람들로부터 멀리 떨어져 있어 슬퍼.", "정말 하고 싶은 말을 하지 못한 게 후회돼.", "멋진 사람들과 함께 일하게 돼 너무 흥분돼." 등등. 이런 종류의 경험은 세상 어디서나 거의 다 비슷하다.

셋째, '식스세컨즈 정서지능 프로그램'으로 접근했을 때 정서지능은 우리의 목적을 뒷받침해주었다. 통찰력과 연결성을 갖고 제대로 활용할 경우, 감정은 우리에게 가장 중요한 것을 향해 나아갈 수 있는 강력한 에너지를 준다.

나는 이 모든 것을 연구를 통해 확인했고, 나 자신의 삶에서 수없이 경험했으며, 수천 건의 프로젝트에서, 수백 곳의 도시에서,

수만 명의 사람들과 함께 일하며 내 눈으로 직접 목격해왔다. 이 모든 것들이 당신에게도 통하기를, 우리가 함께 세상 사람들에게 뭔가 다른 새로운 메시지를 전하게 되기를 희망한다.

지난해 가을 나는 식스세컨즈 정서지능 코스에 참석하기 위해 서울을 방문했다. 한국은 유구한 역사를 가진 나라이지만, 여러 모로 많이 복잡해 보였다. 점점 더 복잡해지는 세상에 적응하고자 혁신가들이 새로운 미래로 뛰어오르려고 하는 동안, 또 한쪽에서는 변화를 원치 않는 사람들도 있다. 그사이에 긴장과 갈등이 만들어진다. 회의실이나 카페테리아, 식당에서 말이다. 이러한 거대한 변화를 겪을 때 무엇을 의논하고 무엇을 탐색해야 할까? 서로 다른 세대, 반대되는 의견들 속에서 어떻게 공동의 기반을 마련할 수 있을까? 이 모든 것에 대한 해답이 바로 정서다. 정서지능이 점점 더 중요해질 것이다.

그리고 점점 더 많은 한국인들이 글로벌 맥락에서 일하게 되었다. 과거에는 몇몇 한국 기업들이 세계적으로 알려졌지만, 오늘날은 그 숫자가 늘어났다. 서울을 걷다 보니 이곳이 정말 국제적인 허브 도시구나 하는 것을 실감할 수 있었다. 거대한 부와 기회가 펼쳐져 있고, 다양성과 복잡성이 가득했다. 그 속에서 '다름'을 '나쁨'으로 느끼지 않으려면 어떤 스킬을 개발해야 할까? 서로 다른 문화, 전통, 가치, 필요를 가진 사람들과 함께 일하고 배우고, 대화하려면 어떻게 해야 할까? 국지적인 복잡성이 높아질수록 우리는 점점 더 복잡하고 혼란스러운 감정을 많이 느낀다. 이때도 역시 정서지능이 핵심적인 키가 될 것이다.

이 책의 여러 부분에서 다소 생소한 내용이 나올지도 모른다. 하지만 대부분이 곧 딱 맞게 될 것이다. 맛있게 비벼진 비빔밥처럼 말이다! 서울에서 정말 즐거운 시간을 보냈다. 여러 가지 맛과 식감이 모여 새로운 조화를 만들어내는 비빔밥처럼 이 책을 읽고 정서지능을 일과 삶에 도입해본다면 정말 어마어마한 변화를 경험할 것이다. 결정이 좀 더 명료해지고, 사람들이 무엇을 원하는지 알게 된다.

빠르게 변화하는 세상이다. '무엇이 가장 중요한가'에 집중하는 법도 까먹기 마련이다. 정서지능은 당신에게 주어지는 수많은 데이터의 상자를 개봉해주고, 감정이라는 정보를 이용해 당신을 이끌어줄 것이다. 그리고 그 에너지는 당신 자신의 미래를 향해 나아가는 데 가장 강력한 동력이 될 것이다. '리더의 심장'으로 가는 당신의 여정을 도와줄 새로운 도구과 자각을 줄 것이다.

― 조슈아 프리드먼

Part 1.

'리더의 심장'이
제대로 뛰고 있는가?

| 감정이란 무엇인가? 정서란 무엇인가? |

| 당신은 감정에 대해 어떻게 생각하는가? |

| 감정은 왜 에너지가 되고 자산이 될까? |

| 리더에게는 왜 정서지능이 반드시 필요할까? |

· 01 ·
우리를 죽이고 살리는 '감정'

당신의 행동이 어떤 결과들을 가져올지 전혀 알 수 없겠지만,
그렇다고 아무것도 하지 않는다면 아무 결과도 없을 것이다.
—마하트마 간디

칼Carl은 미국의 3개 주에서 복잡한 서비스 사업을 벌이고 있는 회사 중역이다. 그는 한마디로 회사의 스타다. 똑똑하고 활기찬 데다 자제력도 있고 비즈니스에 대해서도 박식하다. 회사 일에 늘 열정적이었고, 믿어지지 않을 만큼 열심히 일했으며, 대인관계도 아주 좋다. 워낙 성품이 긍정적이어서, 불가능해 보이는 요청에도 늘 "예스!"라고 답한다.

한편, 그의 상사인 부사장 알렉스Alex는 정력적인 비즈니스맨이자, 그 역시 믿을 수 없을 만큼 활기찬 리더다. 한마디로 아주 기가 센 사람이다. 알렉스는 전에 다른 사업 분야에서 일했기 때문에 실력은 뛰어나지만 칼이 맡은 분야에는 경험이 그리 많지 않았

다. 칼과 알렉스는 '드림팀'이 될 수도 있었다. 그런데 두 사람 사이에는 비극적인 결함이 있었다.

한때 회사가 곤경에 빠졌다. 회복불능 상태는 아니지만 아주 힘겨운 상황이었다(이 회사의 회장은 훗날 이때가 가장 힘든 시기였다고 내게 털어놓았다). 그런데 칼은 자신이 그 모든 문제를 해결할 수 있다는 것을 보여주고 싶었다. 그는 종종 내게 자신은 어려운 일에 부닥칠 때마다 두려움과 불안감을 느꼈지만, 상사인 알렉스는 아무것도 도와주지 않는다고 하소연하곤 했다. 알렉스는 칼의 두려움을 공감해주거나 해소해주기는커녕 무시하고 늘 자기 일에만 매달렸다. 그는 자신이 책임자라는 사실을 강조하면서 칼의 감정을 귀찮아하며 옆으로 밀쳐버렸다.

그러다 보니 칼 역시 자신의 좌절감과 두려움을 무시하게 되었고, 지나치게 많은 일을 떠맡아 바쁘게 처리해냈다. 그리고 자신의 '나쁜 감정들'을 더욱 외면했다. 그런 감정들을 표현해보았자 상사인 알렉스가 불편해하기만 했고, 알렉스에 대한 믿음도 없어져서 상황을 솔직하게 이야기할 수가 없었다. 칼은 마치 모든 일이 실제보다 잘 풀리고 있는 것처럼 말하는 경우가 많았다. 그렇게 몇 달이 지나면서 곤경에 처한 일은 실제로도 잘 풀리게 되었지만, 두 사람의 관계는 파국을 맞게 되었다.

한편 알렉스는 칼이 실제 마음과 다르게 말하는 순간들을 잘 집어냈다. 그러면서 남몰래 칼을 '미스터 테플론'(음식이 눌어붙지 않게 프라이팬 등에 칠하는 코팅제 '테플론'에서 나온 말로, 어떤 비난이나 비판, 잘못 등에도 타격을 받지 않는 사람을 뜻한다. - 옮긴이)이라 부르기 시작했다. 칼은 늘 문제를 최소화해 마치 아무 문제도 없는 것처럼 보고서를 작성해 올렸기 때문이다.

두 사람의 관계가 꼬여버린 데는 알렉스의 책임도 있다. 문제가 곪아 터지기 전에 그는 칼과 솔직하게 대화를 나누면서 현실적인 얘기를 해볼 수도 있었다. 그는 칼의 고통을 감지했지만 그걸 짜증스러워했다. 칼과 대립하고 싶지 않았고(정확히는 그 후유증을 감당하기 싫었고), 그래서 상황은 점점 더 악화되었다.

결국 부사장 알렉스의 불신은 한계에 달했고, 칼은 해고됐다. 회사는 칼이라는 유능한 인재를 잃었고, 칼은 직장을 잃었다(회사의 발전 역시 6개월 정도 뒤처지게 되었다). 이들이 사업수완이나 제품지식이 없어서 혹은 자기통제를 못해서 이런 일이 생겼을까? 아니다. '나쁜 감정들'을 그때그때 해소하지 않고 옆으로 밀쳐버린 게 문제였다.

나는 세계 각지에서 많은 리더들을 가르치면서, 이러한 경우를 수없이 목격했다. 세계 어느 나라, 어떤 업종, 어느 연령대에서든, 이런 일이 공통적으로 자주 일어나고 있었다.

또 다른 극단적인 사례도 있다. 걸핏하면 자기연민에 빠지거나 분노를 터뜨리는 사람들의 경우다. 이들 역시 감정을 옆으로 밀쳐버린 것만큼이나 파괴적인 결과를 낳았다. 나는 궁금했다. 솔직해지되 상처 주지 않고, 문제를 정확히 직시하면서도 모든 걸 너무 암울하게만 생각지 않는 방법, 다시 말해 감정의 힘과 지혜를 동시에 손에 넣는 '절충지대' 같은 건 없을까?

'정서지능'이 바로 그 '절충지대'다. 그리고 이 책을 통해 당신은 정서지능을 배우고, 그것으로 조직을 변화시키고 리더가 되는 새로운 방식을 배울 것이다.

사람들은 대부분 정서지능이 '부정적인 감정'을 통제하는 데 도움을 줄 거라 기대하고 나를 찾아온다. 하지만 부정적인 감정을 통제하는 것뿐만 아니라 그보다 훨씬 더 놀라운 결과를 얻는다. 이런저런 감정들을 '자산'으로 이해하고 지혜롭게 관리해, 일과 삶에서 놀라운 가치를 발견하기 때문이다. 정서지능은 자신과의 싸움 대신 진정한 자신감을 키워준다. 일에서든 삶에서든 '진심으로' 최선을 다하게 되고, 결과적으로 더 나은 결정을 내리며, 당신이 이끄는 사람들 역시 100% 헌신하고 에너지를 발휘할 것이다.

간단한 방법을 연습하는 것만으로도 경쟁에서 획기적으로 앞설수 있다. 정박해 있던 배를 바다로 나아가게 하는 스크루처럼, 정서지능은 우리를 앞으로 나아가게 해주는 추진력이 된다. 그 방법을 배우는 과정에서 일과 인간관계, 건강, 삶의 만족도 측면에서도 엄청나게 큰 도움을 받을 것이다.

감정은 업무에 어떤 영향을 미치나?

"'언덕 위의 적진을 향해 돌격하기에 앞서 먼저 부대원들의 기분이 어떤지를 살펴라.' 모든 성공한(말하자면 지금껏 살아남은) 상사들은 자기 부대원들의 기분이 어떤지를 정확히 압니다. 어쩌면 해병대는 그 어떤 조직들보다 '감정의 힘'을 잘 압니다. 물론 그들은 그걸 '감정'이라 부르진 않죠. 성공한 상사들은 재능을 적재적소에 활용할 때, '감정' 대신 '용기'라는 말을 씁니다. 감정처럼 '나약한' 게 아니라 뭔가 '강한' 표현이 필요하니까요."

미 해병대 장교들이 해준 이야기다. 식스세컨즈가 컨설팅해주고 있는 대부분의 조직에서 비슷한 이야기를 듣는다. 감정은 세상 어디에나 있고, 모든 사람이 늘 어느 정도는 자신과 타인의 감정에 영향을 받는다. 그럼에도 불구하고 우리는 감정에 대해 일상적으로 대화를 나누지 않는다.

아리스토텔레스도 감정의 중요성에 대해 많은 얘기를 했지만, 지난 수백 년간 서구에서 감정은 부당한 대접을 받아왔다. 사람들은 '감정'을 '비이성적'이라거나 '나약하다'거나 '집중력을 흐트러뜨리는 것'이라 치부했고, 조직적으로 그리고 때론 잔인할 정도로 가혹하게 감정을 억누르거나 무시했다. 그런데 그게 잘못된 일이었다면 어떻겠는가?

또한 리더들은 '신뢰'니 '충성심'이니 '헌신'이니 하는 것들(모두 감정에서 나오는 것들)이 조직운영은 물론이고 고객관계에서도 더없이 중요하다는 사실을 인정한다. 당신이 어떤 조직에 몸담고 있든, 사람들은 특정한 '조직행동 원칙'에 따라 서로 다른 얘기를 하는 것 같지만 결국 늘 똑같은 감정 얘기다.

10대 시절에 나는 영화사에서 인턴으로 일한 적 있다. 엄청 비싼 TV광고를 제작하는 일에 참여했는데, 제작진은 대부분 고도로 숙련된 고액연봉의 전문가들이었다. 스태프들 간에 끝없는 커뮤니케이션이 필수였다. 당시 광고촬영은 스태프 1명당 1초에 200달러가 들어갔는데, 평균 20시간 정도 촬영하고, 그걸 편집해 최종적으로 30초짜리 TV광고 1편을 만들었다.

당시에 제작진은 자기들끼리 암호 같은 말들을 주고받았다. 예를 들어 "지금 당신 밥그릇을 뺏으려는 게 아니잖아."라는 말은 "그렇게 방어적으로 나오지 마."라는 뜻이고, "이런! 경기 중에 깃발을 들었어?"(미식축구에서 유래한 비유다. ─ 옮긴이)는 "산통 다 깨는군." 정도의 뜻이었다. 그리고 한 프로듀서가 내게 "너 내가 지금부터 화요일까지 담배꽁초만 줍게 할 거야."라고 했는데, 그건 너무 많은 질문을 해대는 풋내기(=나) 때문에 지금 몹시 화가 났다는 뜻이었다.

"투자자들이 불안해한다."부터 "직감적으로 알 수 있다."까지, 일터에서도 감정은 아주 중요한 문제다. 심지어 극도로 합리적인 경제학 분야에서조차 그렇다. 영국의 경제학자 존 케인스John Maynard Keynes는 '시장에는 동물의 혼(animal spirits 또는 동물의 감정 animal emotions)이 있다.'는 말을 했다. 이렇듯 유심히 찾아보고 귀 기울이면, 우리는 어디에서든 감정과 관련된 것들을 보고 들을 수 있다.

해병대 상사가 언덕 위의 적진을 향해 돌진하기 전에 부대원들을 데리고 집단 심리상담을 해야 한다는 얘기가 아니다. 감정은 가장 강력하고 기본적인 툴이다. 부대원들을 제대로 이해하고 그들과 소통하기 위해서는 감정에 세심하게 주의를 기울여야 한다는 얘기다. 그 상사도 이미 잘 알고 있는 사실이지만, 다만 그런 식으로 말하지 않을 뿐이다.

'감정'을 더 이상 두려워하지 말고, 사람이 오로지 이성적이거나 합리적일 수만은 없다는 걸 이해하고 받아들여야 한다. 그럴 수 있다면 '감정'은 리더십의 중요한 일부가 될 것이다. 그것은 아주 벅찬 일일 수도 있지만, 반대로 강력한 힘이 될 수도 있다. 한마디로 축약하면 이렇다.

감정은 사람을 움직이고,
사람은 성과를 이끌어낸다.

그렇다면 이 강력한 힘인 감정을 대체 어떻게 활용할 것인가? 일단 '감정=자산'이라는 것을 깨닫는 것이 먼저다. 이 자산을 제대로 활용할 경우 '감정자본'이 축적되는데, 이 감정자본이야말로 지금 당장 혹은 미래에 당신 조직의 업무성과를 획기적으로 끌어올리는 데 필수적인 요소다.

내 자식들에게는 절대 하지 않을 이야기

지금도 기억이 생생하다. 어린 시절의 어느 날, 나는 집 안 긴 복도를 미친 듯이 내달려 방문을 쾅 닫으며 내 방으로 들어갔다. 그리고 씩씩대며 맹세했다. 나중에 결혼해서 내 자식들이 생긴다면 "내가 그렇게 말했었잖아!"라는 말은 절대 하지 않을 거라고.

그러나 세월이 흐른 뒤 나는 결국 내 아들에게 그 말을 하고 있었다. 화가 난 상태에서(때론 너무 실망한 채), 거의 무의식적으로 어린 시절 아버지께 들은 그 메시지를 반복하며 "내가 그렇게 얘기했는데, 대체 왜 내 말대로 안 했냐?"라며 아들을 윽박지른 것이다.

사실 우리는 모두 그렇게 한다. 일이 안 풀리거나 압박감에 짓눌려 마음에 상처를 받았을 때, 또는 분노가 치밀 때, 무의식적으로 반응하는 패턴이 튀어나온다. 그래서 달리 무슨 말을 해야 좋을지 모를 때, 우리는 흔히 과거에 보았거나 들었던 말과 행동을 반복한다.

우리는 살면서 감정을 억눌러야 한다는 메시지를 무수히 많이 듣는다. 흥분해서 들떠 있을 때면 "조용히 좀 해.", "가만히 앉아 있어.", "흥분하지 마." 같은 말을 듣게 마련이다. 슬픔에 빠져 울 때면 "다 큰 녀석이 울긴 왜 우냐?", "남자는 우는 거 아니다."라고 하고, 화가 나서 화를 좀 낼라치면 "예의 좀 지켜! 좋은 말이 생각 안 나면, 아예 아무 말도 하지 마." 하는 메시지를 세계 도처에서 듣는다. 어디서나 마찬가지다. 이렇게 우리는 내내 '감정은 나쁜 것'이라고 배워왔다.

적어도 지난 수천 년간, 인류는 사회 시스템은 물론이고 비즈니스, 개인사까지 감정이 아닌 '논리' 위에 구축하려고 애써왔다. 사람들은 감정과 전쟁을 벌여왔고, 분노 이외의 다른 감정을 보이는 사람들을 업신여겼다. 남들 앞에서 감정을 드러내는 사람을 나약하고 쓸모없는 인간이라며 비하했고, '계집애 같고', '비이성적'이라며 따돌렸다.

그렇다면 감정을 억누르고 논리 위에 구축된 사회는 얼마나 잘 돌아가고 있는가? 뉴스 헤드라인만 봐도 알 수 있다. 글로벌 경제 붕괴, 전례 없는 정치적 대립, 상상 못할 환경 파괴…. 그중에서도 이런 파괴적인 구습이 가장 광범위하게, 밑바닥까지 뿌리내린 곳이 바로 기업이다.

전 세계적인 테러리즘(아무 감정도 느끼지 못할 만큼 정서적으로 피폐한 자살폭탄 테러리스트들), 만연한 기업 내부의 부패('이건 뭔가 기분이 아주 안 좋은데…' 하는 내부경고를 무시하는 월가의 경영자들), 되돌릴 수 없는 환경파괴(기름유출 사고마저 모른 척 넘어가려 했던 석유 재벌들), 사상 유례가 없을 정도로 만연된 우울증, 비만, 이혼, 그리고 극심한 소비만능주의 등등. 나는 이 모든 것이 '감정'을 무시하거나 억누른 결과라고 생각한다. 감정과 유리된 사람들은 결국 잘못된 결정을 내리기 때문이다.

계속 이렇게 나아간다는 건 그야말로 어리석은 짓 아닌가? 우리는 감정이 실재하고, 꼭 필요하며, 가치 있다는 것을 잘 안다. 우리 자신의 감각으로 증명할 수 있다. 과학적 증거들도 얼마든지 있다. 전 세계를 돌며 식스세컨즈 정서지능 프로그램을 시행하면서, 나는 감정을 지혜롭게 활용해 삶을 완전히 바꾼 사람들을 많이 봐왔다. 감정은 내면 깊숙이 숨어 있는 힘과 가능성의 원천이자 진정한 가이드였고, 그들은 감정 덕분에 삶에서 사랑과 목적, 희망을 발견했다. 감정이란 이름의 화산이 폭발했을 때 실로 믿기 어려울 만큼 놀라운 일이 벌어진 것이다.

감정을 통해 삶의 방향을 바꾸는 것은 아주 놀랍고 도전적인 일이지만, 한편으로는 믿기 어려울 만큼 쉬운 일이기도 하다. '정서 지능'이라는 놀라운 선물은 타고난 내적 지혜와 파워이기 때문이다. 자, 이제 그 선물을 다시 꺼내 그 힘을 키우고 잘 활용해보자.

매 순간의 선택이 삶을 이끌어간다

우리에게는 선택할 권리가 있다. 삶을 어떻게 살고 어떻게 이끌 것인지, 매일 수없이 많은 선택의 결과가 모여 삶이 된다. 거의 무의식적으로 늘 똑같이, 살던 대로 사는가? 아니면 뚜렷한 목적을 갖고 사는가?

매 순간 우리는 여러 선택지 앞에 선다. 무의식적으로 패턴에 끌려가는 사람도 있고, 가장 좋은 쪽을 의식적으로 신중하게 선택하는 사람도 있다. 삶이 모든 면에서 원하는 대로 풀려준다면, 굳이 이 책을 읽을 필요도 없고 정서지능에 대해 배울 필요도 없다. 그렇다면 당신은 이미 성공한 사람일 것이다. 인간관계도 기가 막히게 좋고, 매일 매 순간 행복하며, 밤에 잠도 푹 잘 것이다. 어쩌면 이미 정서지능의 모든 면을 다 갖추고 있는지도 모르겠다.

그러나 만일 직장의 업무나 삶의 어떤 면에서, 특히 사람들과의 관계에서 뭔가 바꾸고 싶은 것이 있다면, 정서지능을 반드시 가져야 한다. 그래야만 변화를 위한 통찰력과 실질적인 여러 방법들을 알게 되기 때문이다. 내가 만난 수많은 리더들이 이제껏 살아온 방식을 후회하며 이런 고민을 털어놓곤 했다.

"그건 진정한 내가 아니었습니다. 내가 원했던 리더의 모습은 그런 게 아니었죠."

당신은 어떤가? 밤마다 잠자리에 들면서 속으로 이런 말을 할 수 있는가? '그래. 나는 오늘 그야말로 최선을 다했어.'

아침마다 눈 뜨면서 이런 말을 할 수 있는가? '아, 조금이라도 빨리 하루를 시작해 세상을 더 나은 곳으로 만드는 일에 열정적으로 매달리고 싶다.'

그동안 나는 세계 각지의 리더들과 함께 혹은 나 자신이 직접 리더로 일하면서 이 문제에 대해 연구해왔고, 경험적으로 정서지능이 이러한 충만함을 안겨준다는 걸 알게 되었다. 물론 정서지능이 무슨 '만병통치약'이나 '묘책'은 아니다. 모든 문제를 해결해준 다거나 갑자기 당신을 전에 없던 '뛰어난 리더'로 만들어준다는 보 장도 없다. '뛰어난 리더십'을 가지려면 전략, 실행, 절제, 혁신, 분 석 등 다양한 분야에서 뛰어나야 한다. 감정에 대해 잘 안다는 게 이 모든 요소 가운데 가장 중요한 것은 아닐지도 모르지만, 지금 까지 가장 관심을 덜 받아왔고, 그래서 더없이 심각하고 다양한 문제들을 야기하고 있다는 것은 분명하다.

사실 우리는 학교에서 정서지능을 제대로 배운 적이 없다. 심지 어 경영대학원에서도 그렇다. 얼마 전 〈월스트리트 저널〉에 이런 기사가 나왔다.

"유명 경영대학원들은 재무, 마케팅, 전략 등 기본 분야에 대한 탄탄한 지식과 뛰어난 분석력을 갖춘 졸업생들을 배출하고 있다. 그러나 커뮤니케이션, 리더십, 팀워크 같은 이른바 '소프트 스킬' 은 아주 소홀히 다뤄지는 경우가 많다."

감정의 측면에서 자아를 체계적으로, 철저하게 개발하는 사람 들은 이제까지 거의 없었다. 그래서 정서지능을 개발하는 것이 더 더욱 큰 도전이자 중요한 기회다.

어떤 유형의 리더십이 필요할까?

당신에게 리더십이란 무엇인가? 그리고 주변 사람들과 그들의 감정은 당신의 리더십에 어떤 영향을 미치는가? 당신은 어떤 리더가 되고 싶은가?

이 질문에 어떤 답을 하느냐에 따라 정서지능에 접근하고 개발하는 방식도 달라진다. 리더십이라는 단어에는 수십 가지가 들어있다. 방향을 정해주는 것, 힘을 결집시키는 것, 사람들의 마음을 움직이는 것, 의욕을 고취시키는 것 등이 리더십을 구성하는 수많은 요소 중 일부다.

리더십이란, 사람들로 하여금 무언가에 더 몰두하게 만들고, 혼자 하는 것보다 팀을 이뤄 함께 할 때 더 잘하게 만들어주는 것이다. 다시 말해 방향을 정해주고 '불가능한' 일을 해내게 만들어주는 능력이다.

세상이 변화하는 속도만큼이나 요구하는 리더십도 빠르게 변화하고 있다. 새로운 리더십에 대한 책들도 쏟아져 나온다. '지식 노동자', '평평한 지구', '전 세계적인 테러와의 전쟁'이 화두인 이 시대에는 어떤 유형의 리더십이 필요할까? 피터 드러커Peter Drucker부터 워렌 베니스Warren Bennis, 스티븐 코비, 올리비에 블랑샤르Olivier Blanchard까지, 저명한 리더십 전문가들은 '더 섬세한 관계

중심의 리더십이 필요하다.'고 입을 모아 강조한다.

어째서 그럴까? 50년 전의 사람들과 요즘 사람들이 달라졌기 때문이다. 이제 사람들은 자신이 속한 기업에 50년 전 사람들만큼 충성을 다하지 않는다. 물론 반대로 기업들 역시 50년 전만큼 사람들에게 관대하지 않다. 갈수록 이직이 잦아지고, 더 많은 사람들이 조직을 떠나 자기 사업을 하려 한다. 실제로 지난 수십 년간의 통계를 살펴보면, 미국 전역에서 직접 창업한 사람들이 폭발적으로 늘어났다.

게다가 또 오늘날에는 비즈니스가 믿어지지 않을 만큼 복잡해졌다. 공급망은 지구 전체로 확대됐고, 상품과 서비스는 초당 수 킬로미터의 속도로 배달되고 있다. 눈부신 기술혁신 덕분에 100년 전에는 상상도 할 수 없었던 일들이 놀라울 정도로 빠르게 이루어지고 있다. 거기다 기후 변화는 점점 더 심해지고 천연자원은 고갈되어가는 등, 우리 앞에 놓인 도전과제가 한두 가지가 아니다.

그렇다면 어떤 유형의 리더가 되어야 이 모든 어려움을 잘 헤쳐나갈 수 있을까? 내부에는 어떤 자원들이 필요할까? 커다란 용기와 가벼운 광기의 결합 같은 게 필요할지도 모른다. 그 외에는? 이런 상황에서 리더가 구성원들로 하여금 최선을 다할 수 있게 도와주려면 어떻게 해야 할까? 이에 대해 저명한 경영사상가 세 사람은 이렇게 말했다.

"리더로서 당신이 해야 할 가장 중요한 일은 당신 자신의 에너지를 잘 관리하고 그런 다음 다른 사람들의 에너지를 총괄 관리하는 것이다." – 피터 드러커

"관리란 사람들로 하여금 해야 할 일을 하게 만드는 것이다. 리더십이란 사람들로 하여금 해야 할 일을 하고 싶게 만드는 것이다. 관리자는 사람들을 밀어붙인다. 리더는 끌어준다. 관리자는 명령한다. 리더는 커뮤니케이션을 한다." – 워렌 베니스

"리더는 사람들로 하여금 더 나은 미래를 만들게 한다."
– 마커스 버킹엄Marcus Buckingham

위의 말은 모두 '헌신' 혹은 '집중'과 관련되어 있다. 그저 말로 끝내는 게 아니라, 영감을 주고, 몰입하게 하고, 활력을 주고, 커뮤니케이션을 하는 일이다. 다시 말해, 당신 자신부터 시작해 새로운 종류의 힘을 만들어내는 것이다. 단순히 어떤 일을 제대로 끝내는 게 아니라, 모든 사람이 최선을 다하고, 헌신적으로 노력하고, 서로 간의 상호작용을 조심스레 잘 엮어내도록 만드는 것이다. 그러기 위해서는 정성스러운 보살핌, 귀 기울여 듣는 자세, 존중, 도전, 신뢰 등이 필요하다.

그렇다고 감정만 잘 다루면 뛰어난 성과를 낼 수 있을까? 그렇지는 않다. 감정 이상의 능력이 필요하다. 뛰어난 리더가 되기 위해서는 사람들을 참여하게 만들고, 미세한 단서들을 읽어내며, 스스로 지혜를 찾아내는 능력이 필요하다. 그리고 이 모든 것은 감정을 다루는 능력과 관련이 있고, 성공에 꼭 필요한 요소다.

그렇다면 당신은 왜 이 책을 읽어야 할까? 정서지능을 다룬 다른 여러 책들과 이 책은 무엇이 다를까? 나와 우리 팀은 애초에 책을 쓰려는 목적이 없었다. 우리는 그저 평생 가르치며 경험해온 최선의 방법들을 많은 사람들과 공유하려는 생각뿐이었다. 식스세컨즈의 회장인 카렌 맥카운은 1967년부터 정서지능과 관련된 기술들을 가르치기 시작했다. 내 멘토이자 식스세컨즈의 대표인 애너벨 젠슨 박사는 30년간 학교 선생님이었고, 나 역시 그랬다. 지금도 나는 나 자신을 선생님이라고 생각한다.

우리는 1997년 '식스세컨즈 정서지능 네트워크'라는 비영리 단체로 첫발을 내디뎠다. 그 후로 지금까지 나는 세계 각지의 사람들에게 정서지능 기술을 가르치는 데 평생을 바쳤다. 금융기관부터 군대, 학교, 병원 등 모든 종류의 조직에 정서지능을 가르쳤다. 그리고 20개국 이상에서 이 정서지능 프로젝트가 자체적으로 이루어지도록 도왔다. 또 정서지능을 연구하는 전문가와 학자, 업계

종사자들로 이루어진 세계 최대 규모의 정서지능 네트워크를 이끄는 일을 돕고 있다. 이미 한국에서도 식스세컨즈 정서지능 네트워크가 조직되었는데, 1년밖에 안 되는 짧은 기간이지만 활용과 전파의 속도는 다른 지역에 비해 매우 빠르다.

이 책의 내용은 누구에게나 꼭 필요하지만 특히 조직을 이끄는 리더라면 반드시 알고 실천해야 한다. 그래서 여러 연구결과와 실험 등을 좀 더 쉽게 이해할 수 있도록 단순화해서 소개했다. 특히 이 책에 나오는 사례들은 현실 세계의 리더들이 실제로 증언한 것들이다. 정서지능을 활용해 어떻게 더 나은 삶을 살게 됐는지를 생생하게 보여준다.

현실 세계와의 상호작용을 돕기 위해 우리는 식스세컨즈 정서지능 프로그램을 개발했다. 이 프로그램은 사람들에게 혁신적인 학습경험을 제공하고, 그 새로운 각성을 일상생활에서 제대로 활용하도록 돕는다. 이 책을 보고 혼자서 시작해볼 수도 있다. 여기 나온 새로운 아이디어들을 직접 실험해보면 긍정적인 자극을 받아 또 다른 것에 도전해볼 수 있을 것이다.

'정서지능'이라는 개념 자체에 완전히 문외한이어도 괜찮다. 정서지능 기술들을 배우고 훈련하기 위해 수년 동안 노력해온 사람이어도 상관없다. 어느 쪽이든 당신은 이 책에 나온 각종 데이터와 연구결과, 사례, 비유, 실전 툴들을 통해 정서지능이 높아지고 리더십 역량도 높아질 것이다. 결과적으로 더 나은 삶을 살게 될 것이다.

· 02 ·

감정은 어떻게 '자산'이 되는가?

감정 없이는 지식도 있을 수 없다. 우리는 진리를 알 수도 있지만,
우리가 감정의 힘을 느끼기 전까지 그 지식은 우리의 지식이 아니다.
뇌의 인지력에 영혼의 경험을 더해야 하는 것이다.
─아널드 베넷Arnold Bennett

'감정'이 북받쳐 올라올 때 '이성적인 생각'이 방해받는다는 건 누구나 아는 사실이다. 우리는 이성이 명료한 상태에서 내린 결정이야말로 올바르고 확실한 결정이라고 믿는다. 어지러운 감정들로 흐려지지 않은 명료한 상태에서 내리는 결정 말이다.

너 나 할 것 없이 감정에 휘둘려 낭패를 본 경험이 있을 것이다. 너무 화가 나서 순간적으로 누군가에게 가시 돋친 말을 내뱉어버리면 1초도 안 되어 후회가 밀려온다. 또는 누군가를 정말 좋아하는데, 뭔가 논의하는 과정에서 그에게 이상해 보일 정도로 지나치게 쏘아붙일 때가 있다. 그리고 나중에 곱씹으며 이렇게 생각한다. '감정 때문에 망했어!'

수천 년 전 서구의 사상가들도 그렇게 생각했다. 기원전 1세기 로마 시인 푸블릴리우스 시루스Publilius Syrus는 이렇게 썼다. "감정이 당신을 지배하지 않게, 당신이 감정을 지배하라." 그러나 이런 관점을 반증하는 연구결과들이 수십 년 전에 발표되었음에도 불구하고, 지금 구글에서 '비판적 사고를 막는 감정적 장애물들'이라고 검색하면 그 잘못된 믿음을 되풀이하는 케케묵은 책과 대학 수업자료들이 수두룩하게 나온다.

우리는 "감정적으로 생각하지 마.", "일에서 감정을 배제시켜."라는 말을 들으며 자라왔다. 늘 감정을 무시하려 애써왔고, 결국 감정이라는 것이 나약하고 무가치하다며 묵살해버리는 데 익숙해졌다. 항상 이렇게 '감정은 부정적이다.'라는 관점을 유지해온 것이다.

문제는 이런 관점이 잘못됐다는 것이다. 최근 연구자들은 기능적 자기공명 촬영장치fMRI를 통해 뇌 속에서 벌어지는 일을 거의 실시간으로 관찰하며, 뇌의 각 부위들이 어떻게 서로 협력하고 경쟁하는지 밝혀내고 있다. 기본적으로 '제 기능을 발휘하는 뇌'란, 다양한 시스템들이 조화와 균형 속에서 '서로 잘 협력하는 뇌'다. 뇌 특정 부위의 활동을 차단하면 해당 기능이 약화된다는 것이 연구를 통해 밝혀졌다. 그런 경우 대신 다른 부위가 그 기능을 강화해 부족한 부분을 채운다.

감정과 관련된 흥미로운 연구가 하나 있다. 참여자들에게 자신의 감정을 철저히 무시해보라고 주문하자, 그들은 실수를 더 많이 했고 부정적인 생각을 더 오래 했다. 감정은 우리에게 이렇게 말한다. "이봐! 이건 뭔가 옳지 않아." 물론 그 감정들로 인해 혼란스러워질 수도 있다.

감정은 대단히 중요한 자산이 될 수 있다. 가장 좋은 결정을 내리게 해주고, 최선을 다할 수 있게 해주며, 효율적인 인간관계를 만들어가게 해준다. 팀과 조직이 지속적인 가치를 창출해내도록 도와주는 자산이기도 하다. 우리가 감정을 왜 그토록 소중한 자산으로 다뤄야 하는지 다음과 같은 3가지 이유를 살펴보자.

1. 감정은 실체가 있다.

우리는 언제 어디서나 늘 이런저런 감정들을 갖는다. 양전자단층촬영장치PET와 fMRI로 스캐닝하면서 과학자들은 감정이 뇌 속에서 어떻게 기능하는지를 실시간으로 확인했다.감정은 우리의 몸과 뇌 속에서 일종의 화학물질 형태로 나타나며, 그 화학물질은 (대부분의 건강한 사람의 경우) 기본적으로 특정한 신경생물학적 구조를 갖는다. 이 화학물질들은 흔히 '신경펩타이드neuropeptide'라고 하는데, 일종의 신경전달물질로 우리 몸 곳곳에 감정신호를 전

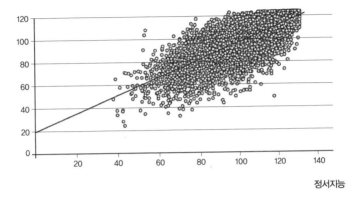

전반적인 업무성과

정서지능

정서지능이 높으면 성공할까?

400만 명 이상을 진단한 식스세컨즈 정서지능 평가(이하 SEI) 데이터베이스의 샘플을 조사한 결과, '성공요소'의 55%는 정서지능 점수로 예측이 가능했다.

달한다. 이 화학물질들은 단백질 가닥들로부터 끊임없이 생성되고(주로 뇌 시상하부에서), 모든 사람에게서 같은 종류가 발견되고 있다. 쉽게 말해 '감정이 생긴다.'는 의미는 뇌 안에 호르몬과 유사한 '화학물질이 생긴다.'는 의미다. 예를 들어 화가 나면 에피네프린/노르에피네프린, 슬플 때는 옥시토신 같은 물질이 생기는데, 이 물질들은 대체로 4~7초 정도, 통상 6초 정도가 지나면 사라진다고 알려져 있다.

위의 도표에서 우리가 만든 '성공요소'는 다음의 4가지 점수를 합산한 일종의 지표다. 물론 이 4가지가 인생의 성공을 좌우하는 전부라는 뜻은 아니다. 하지만 우리가 지금까지 400만 명 이상을 진단하고 그 결과를 정리한 결과, 신뢰도, 타당도 등을 기준으로 4가지 성공요소를 도출할 수 있었다. "'성공요소'의 55%는 정서지능 점수로 예측이 가능했다."라는 의미는 정서지능이 높을 경우 성공요소가 높을 확률이 55% 이상이었다는 뜻이다. SEI 진단을 하면 결과 중 하나로 오른쪽의 막대 그래프를 받아볼 수 있다.

- 효과성: 결과를 만들어내는 능력이다.
- 관계: 네트워크를 구축하고 유지하는 능력, 함께 만들어내는 능력, 어쩌다 한 번이 아니라 계속 함께 잘 만들어내는 능력을 뜻한다. 리더에게 더 중요하다. 팀원들의 '효과성'을 높여주는 리더의 역량도 여기에 포함된다.
- 웰빙: 최상의 에너지와 건강을 유지하는 능력이다.
- 삶의 질: 균형과 성취를 잘 유지하는 능력. 어느 한쪽에 치우치지 않고 균형 잡힌 삶을 살고 만족감을 유지하는 것이다.

2. 감정은 생각과 행동에 영향을 준다.

우리가 느끼는 감정은 사고와 행동에 영향을 준다. 감정이 '좋을 때'와 '나쁠 때', 우리는 똑같은 환경이라도 전혀 다른 측면을 인식한다. 좋거나 나쁜 감정과 연관된 기억이 나도 모르게 만들어지고

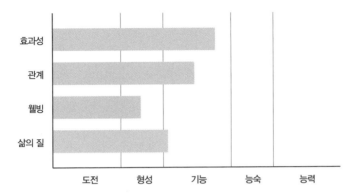

SEI 진단결과 예시

떠오른다. 그런데 '생각하기'와 '감정 느끼기'에는 같은 종류의 화학물질들과 세포들이 관여한다. 한마디로 같은 시스템을 공유해서 쓴다는 뜻이다. 그리고 우리는 그 둘을 분리할 수가 없다. 그래서 세계적인 신경과학자 안토니오 다마지오Antonio Damasio 박사가 입증해 보였듯, 감정센터가 손상된 사람은 사실상 제대로 된 이성적 선택을 할 수 없다. 다마지오 박사는 이렇게 말했다. "감정은 이성의 네트워크 안에 뒤엉켜 있다." 다시 말해 '감정 느끼기'와 '생각하기'는 서로 다른 구조들이 아니라, 같은 전체의 일부인 것이다.

3. 감정은 정보이자 에너지다.

찰스 다윈Charles Darwin은 "감정이 인간의 커뮤니케이션을 돕는 한 방법이며, 거기에 진화적 가치가 있다."라고 보았다. 인간은 군집생활을 하는 동물이다. 수천 년간 집단을 이뤄 일하는 쪽으로 진화해왔고, 오늘날에도 그렇다. 그런데 군집생활을 하다 보면, 전혀 모르는 누군가를 만났을 때 적인지, 친구인지를 아주 신속하게 판단해야 한다. 그를 빨리 '읽어야만' 그 후의 행동을 결정할 수 있기 때문이다.

바로 그 순간에 '감정표현'이 필요하다. 감정표현을 통해 우리는 누가 친구이고, 적인지 알 수 있다. 무얼 좋아하고 싫어해야 하는지, 가치를 고수해야 할 때와 버려야 할 때는 언제인지도 알 수 있다.

신경생물학적 관점에서, 감정은 문자 그대로 정보이자 에너지다. 감정의 화학물질은 일종의 메신저로 전하를 띤다. 그래서 감정상태가 변화할 때, 우리가 경험하는 것은 '감정의 에너지 변화'다. 사실 감정분자들은 몸 전체의 전기화학적 작용을 통제하면서, 세포 하나하나의 전기화학적 수치에 영향을 준다. 예를 들어, 어려운 과제에 도전해야 하는 상황에서, 대부분의 사람들은 에너지와 동력이 손실되는 것을 경험한다. 그러다가 해결책을 찾기 시작하면 감정에 변화가 일어나면서 다시 기운이 나고 에너지가 충만해진다.

만일 감정이란 게 실제로 존재하고, 우리의 생각과 행동에 영향을 주며, 그 속에 정보와 에너지가 담겨 있다면, 무엇을 선택해야 할지는 너무도 분명하다. 감정을 무시할 것인가, 잘 활용할 것인가, 둘 중 하나다. 감정은 뭔가를 결정하는 데 영향을 주고, 우리가 다른 사람들에게 영향을 주는 방식도 좌우하며, 우리 자신의 에너지에도 개입한다. 그 결과 한 인간으로서 우리가 갖는 정체성이나 리더로서 성취해야 할 업무성과에도 중대한 영향을 미친다.

산다는 것은, 강물 위를 떠다니는 뗏목에 올라탄 것과 같다. 강물의 흐름을 무시한 채 뗏목에만 신경 쓰면 그저 이리저리 떠밀려 갈 뿐이다. 그러고 싶지 않다면 손발을 열심히 움직여 흐름을 만들고, 내가 원하는 방향으로 뗏목을 움직여야 한다. 감정을 느낀다는 것은 손발을 움직여 강의 흐름을 바꾸는 일과 같다.

그럼에도 불구하고, 우리는 감정이 마구 치밀어올라 잘못된 결정을 내리거나, 감정 때문에 생각이 흐려지는 경험을 자주 한다. 감정이 너무 혼란스러워 제대로 관리할 수 없는 느낌을 받을 때도 있다. 어쩌면 문제는 감정 자체가 아니라, 감정을 관리하는 훈련이 부족한 것 아닐까?

교육자 집안에서 자란 나는 스무 살이 되기 전에 이미 수학과 관련해 2,000시간이 넘는 공교육을 받았다. 게다가 부모님이 두 분 다 수학자였기 때문에, 비공식적인 수학교육까지 합치면 수천 시간도 넘을 것이다. 그 후 대학에서 심리학 강의를 들었는데, 그 강의에서 감정과 관련된 수업시간은 10시간도 채 안 됐다. 수학은 수천 시간 배우면서 감정은 왜 수십 시간도 배우지 못한 걸까?

당신은 어떤가? 감정을 제대로 이해하고 활용하는 법을 학교에서 몇 시간이나 배웠는가?

감정이 왜 중요한가?

혁신적인 조직이 세일즈나 리더십, 팀의 성과향상을 위해 정서지능을 어떻게 활용할 것인가? 정서지능을 통해 어떻게 경제적 가치를 확대할 것인가? 이 질문에 대한 답이 바로 이 책이다.

카타르 항공은 이미 정서지능을 활용해 고객경험을 향상시켰고, 지멘스 헬시니어즈Simens Healthineers는 정서지능을 활용해 팀워크를 강화시켰다. 페덱스는 정서지능을 리더십의 핵심요소로 설정했다.

정서지능을 개발하는 게 개인에게도 도움이 될까? 다양한 산업분야에 종사하는 665명을 대상으로 실시한 한 연구에 따르면, 핵심적인 성공요인에 정서지능이 거의 55%를 차지했다. 이 연구결과만 봐도, 정서지능이 왜 개인의 성공에 반드시 필요한지, 또 조직에 정서지능 개발이 얼마나 가치 있는 일인지 알 수 있다.

예를 들어보자. 수많은 감정들 중에서 '두려움과 분노'는 인간이 생존을 위해 가진 가장 필수적이고 강력하며 원초적인 감정이다.

그래서 여러 감정들 중에서도 이 두 감정을 자세히 살펴보면, 감정이 실제로 우리에게 어떻게 도움을 주는지, 또 '나쁜 감정'조차도 왜 자산이 되는지를 알 수 있다.

두려움과 분노는 대개 부정적인 감정이라고 여겨진다. 그래서 사람들은 이 두 감정을 극복하라거나 최소화하라는 말을 자주 한다. 충분히 이해할 만하다. 격한 분노는 위험해 보이고, 나 역시 그런 분노는 싫다. 또한 두려움은 정말이지 너무나 기분 나쁘다. 두려운 순간에 찾아오는 그 무력감 역시 느끼고 싶지 않다. 그런데 만일 두려움과 분노라는 이 '나쁜' 감정들이 우리의 집중력과 분석력을 끌어올려 주는 조력자들이라면 어떻겠는가?

두려움은 나약함과 연결되어 있다. '두려움'까지는 아니지만 그와 비슷한 감정에 빠졌던 순간을 떠올려보라. 두려움은 사실 힘과 용기가 필요할 때 느끼는 감정이지만, 사회적 관습에 따르자면 사람은 특히 '진정한 남자'는 두려워해선 안 된다. 두려움은 죄악이고, 억누르거나 피해야 할 감정이었다. 두려웠던 순간보다는 아주 걱정스러웠거나 불안했던 순간을 떠올려보는 게 더 쉬울지도 모른다(걱정이나 불안도 모두 두려움의 한 형태다).

한번은 정서지능과 관련된 첫 국제대회를 내가 주관하게 되었다. 그런데 참석하겠다고 등록한 사람 수가 예상보다 훨씬 적었다. 그 대회는 우리 조직이 개최한 가장 큰 대회였고, 나는 그 누구보다 열심히 그 대회를 개최해야만 한다고 역설한 사람이었다. 게다가 정서지능 분야의 최고 리더들을 이미 초청해놓은 상태였다. 만약 참석자가 너무 적을 경우에는 대회장 대여비용과 호텔비용 등 재정적으로도 엄청난 손실을 볼 것이 뻔했다. 조직의 존폐마저 위협할 수 있는 심각한 문제였다. 나는 걱정과 불안으로 몇 주 동안 머리를 쥐어뜯으며 그야말로 뜬눈으로 밤을 지새웠다. 당시 내가 느낀 감정들은 다시는 떠올리고 싶지 않을 만큼 불쾌했는데, 특히 많은 사람을 연사, 파트너, 혹은 참석자로 끌어들이기 위해 그 누구보다 더 긍정적이고 열정적이고 낙천적이어야 했던 내 입장에서 그건 아주 '나쁜' 감정들이었다.

'나쁜 감정'은 정말 나쁜가?

누구나 한두 번쯤은 이처럼 괴롭고 불쾌한 일을 겪어봤을 것이다. 그런 경험이 떠오를 때면 이런 생각을 해보라. 만일 그 감정이 당신에게 나쁜 감정이 아니고, 파괴적이거나 부정적인 것도 아니라면 어떨까? 오히려 꼭 필요한 자원이고, 당신 스스로를 지키기 위한 자원이었다면? 게다가 도전의식을 불러일으켜주었다면?

두려움은 경고 메시지다.

뜨거운 난로를 잘못 건드리면 큰일 난다. 데이면 아주 따갑고 아프다. 그게 바로 당신의 몸이 "이봐! 저건 건드리지 마!"라고 말하는 방식이다. 그런데 그렇게 따갑고 아픈 것이, 그러니까 그런 민감함이 부정적이거나 나쁜 것인가? 물론 너무 아프고, 살이 타는 듯한 느낌이 좋지는 않다. 하지만 그것을 통해서 우리는 뜨거운 난로를 피해야 한다는 것을 배운다. 마찬가지로 두려움 역시 위험을 피하라는 일종의 경고 메시지다.

근본적으로 두려움은 불확실성과 잠재적 위험을 경고하는 메시지다. 그 위험은 명백한 경우도 있고(높은 곳에 있을 때 느끼는 두려움처럼), 베일에 가려 있는 경우도 있다(아이를 갖는 일의 두려움처럼). 때론 명백한 두려움과 일반적인 두려움의 차이를 '이성적인 두려움'과 '비이성적인 두려움'으로 구분하기도 한다. 그러나 두려움이란 원래 비이성적인 것이기 때문에, 그보다는 '이해 가능한 두려움'과 '이해 불가능한 두려움'으로 구분하는 게 더 낫다.

두려움을 제대로 이해하려면, 어떤 불확실성 때문에 두려움이 생겨났는지 알아야 한다. 앞의 사례에서 내가 국제대회를 몇 달 앞두고 느낀 두려움은, 내게 꼭 필요한 정보들이 없다는 것을 경고해주었다.

불확실성 속에서는 관심사가 현실적인 것과 동떨어질 때가 있다. 두려움이 온갖 종류의 다른 의문과 의심, 그리고 과거의 경험들을 불러들이기 때문이다. 하지만 잊지 말아야 할 것이 있다. 감정은 스스로를 강화시키는 경향이 있다. 그래서 두려움 역시 그것을 증폭시키는 자극과 기억들을 떠올리게 만든다. 게다가 두려움은 불편한 감정이어서 대부분 그 감정을 피하려 하는데, 결국 외면해버린 그 두려움은 뒤에서 우리 자신을 야금야금 갉아먹는다.

반면, 감정에 데이터와 에너지, 지혜가 담겨 있다는 사실을 떠올릴 수 있다면 상황은 달라진다. 당신은 그 감정으로부터 도움을 받을 수 있다. 두려움은 일종의 의문이다. 위험에 대한 의문, 걱정에 대한 의문, 미지의 것에 대한 의문, 헌신에 대한 의문 말이다. 앞서 말한 그 국제대회에서, 두려움은 내게 이런 의문들을 던지고 있었다. "진짜로 해보려는 거야?", "공개적으로 망신당할 수도 있고, 재정적으로 큰 손실이 날 수도 있는 그 위험한 일을 정말 할 생각이야?" 그리고 그러한 의문에 귀 기울이면서 나는 도움을 받았다.

두려움이 던진 질문을 곱씹으며, 나는 현실적인 위험요소와 그 위험을 극복하기 위한 나 자신의 헌신에 대해 다시 한 번 제대로 평가해보았다. 그리고 그 과정에서 나는 그 국제대회를 성공시키기 위해 더욱 전력투구할 수 있었고, 최대한 많은 참석자를 모으기 위해 할 수 있는 모든 수단을 동원했다.

나중에 알게 된 사실이지만, 당시 우편발송업체에 사기를 당해서 우리가 보낸 대회안내 책자 8만 부가 고스란히 쓰레기통으로 들어가 버린 사건이 있었다. 그럼에도 불구하고 그 대회는 500여 명이 참석해, 현재까지도 사상 최대 규모의 정서지능 관련 국제대회로 기록되었다. 또한 대회에 대한 만족도 역시 참석자의 25%가 최고 점수를 주었고, 그중 상당수는 "이제까지 참석한 대회 중 단연 최고"였다며 극찬했다. 결국 두려움이라는 에너지가 이 모든 것을 해낸 것이다.

뜨거운 난로에 손을 데었다면, 난로가 나쁜 걸까? 지도를 보고 갔음에도 길을 잃었다면, 그 지도가 아무짝에도 쓸모없는 정보를 준 걸까? 감정은 그런 것이다.

'화'라는 감정을 무조건 죽여야 할까?

사람들은 분노 역시 두려움만큼이나 '나쁜 감정'으로 여긴다. 화가 난 상태에서는 어리석은 짓을 저지르는 경우가 많다. 그래서 분노는 파괴적이고 부정적인 것으로 각인되었다. 요즘 자주 보도되는 사건사고 뉴스 대부분이 '분노' 때문에 벌어진 일들 아닌가?

그렇다면 과연 분노는 이 모든 문제의 근원일까? 두려움과 마찬가지로, 분노 역시 우리에게 도움을 준다. 두려움은 묻는다. "확실해?" 분노는 묻는다. "그래서 행동을 할 거야?" 시민권을 쟁취하기 위해 건강한 분노를 표출했던 사람들을 생각해보라. 전제군주의 폭정에 항거한 분노는 어떤가? 아니, 좀 더 일상적인 분노들은 어떤가? 예를 들면 단추가 잠기지 않는 바지에 화가 나서 미뤘던 운동을 마침내 시작하거나, 담배를 하도 피워대 누렇게 변한 치아에 화가 나서 금연을 시작할 수도 있다. 아니면 "넌 못해."라는 말에 화가 나서 '할 수 있다.'는 걸 증명해 보이려고 기를 쓰고 노력해 해낼 수도 있다.

분노를 느낀다는 건 '현재 상황에 뭔가 마음에 들지 않는 게 있다.'거나 아니면 '뭔가가 내 길을 가로막고 있다.'는 의미다. 두려움의 경우와 마찬가지로, 그 '뭔가'를 알아내는 게 도전과제다. 일단 분노가 전하려는 메시지에 귀 기울이면 분노가 수그러들고, 분명한 행동방침이 세워진다.

그런데 유감스럽게도, 분노를 명확하게 인지하지 못할 경우 두려움과 마찬가지로 분노 역시 스스로 점점 더 강화된다. 그래서 좌절감은 우리를 점점 더 좌절하게 만든다. 하지만 근본적인 불편함은 그대로 남아 있기 때문에 분노 또한 더 커진다. 그리고 조그만 가시에 찔린 상처가 끔찍한 창상으로 이어지듯, 사소한 짜증이 어마어마한 분노로 자랄 수도 있다.

두려움이 더 커지면 공포가 되고, 분노가 더 커지면 격분이 된다. 또한 두려움과 분노 모두 '투쟁fight, 경직freeze 또는 도피flight' 반응과 같은 핵심적인 생존 메커니즘 반응(이에 대해서는 뒤에서 좀 더 자세히 설명하겠다.)을 야기한다. 이 위기반응에서 우리는 장기적인 측면을 간과한다. 결과에 대해 생각하지 않고 그저 당장의 생존을 위해 뭐든 다 하는 것이다.

우리는 위험을 없애기 위해 '먼저 선수를 치거나'(먼저 공격하거나 뒤통수치는 것), 위험으로부터 숨기 위해 '꼼짝하지 않거나', 위험을 피하기 위해 '달아난다'. 그러나 이런 극단적인 반응들조차도 정서지능을 발휘한 결과다. 상황을 파악한 후에 스스로 결론 내린 생존법이라는 말이다. 그런데 문제는 대부분의 사람들이 정서지능 활용법을 제대로 훈련받지 못했기 때문에 이러한 감정적 도전 앞에서 위험하고 무모하며 전혀 생산적이지 않은 방법을 선택하고, 심각한 경우 파괴적인 행동을 보이는 것이다.

감정을 무시당하며 사는 아이를 상상해보자. 내 딸아이가 어릴 때, 한번은 잔뜩 화가 나 있었다. 엄마아빠가 자기한테 한 얘기가 마음에 들지 않아서였다. 아이는 화를 꾹 참고 말로 항의하기 시작했다. 그러나 나와 아내는 그 항의를 귀담아듣지 않았고, 그러자 딸아이는 목소리를 더 높였다. 그래도 통하지 않자, 급기야 값비싼 장난감을 집어 들어 내던졌고, 그제야 나와 아내는 깜짝 놀라 아이에게 관심을 보이게 되었다.

마찬가지로 우리는 누구나 분노나 두려움을 경험하지만, 그런 감정들을 부정적이라고 여기기 때문에 아예 무시하려 할 때가 많다. 특히 두려움의 경우는 확실치 않은 메시지여서 더 자주 무시한다. 그러면 그 두려움은 더 큰 목소리를 내며 관심을 가져달라고 요구하고, 그제야 우리는 일반적인 두려움 혹은 심한 경우 공포를 느끼게 된다. 하지만 여전히 그게 어디서 온 것인지는 모른다.

운전대를 잡은 사람은 누구인가?

정서지능이 '감정을 지혜롭게 통제하는 능력'이라고 말하는 사람도 있지만, 사실 그것은 관점 자체가 잘못된 것이다. 감정을 꾹 참거나 숨겨서 통제하라는 것이 아니다. 어떻게 더 현명하게 활용할 것이냐의 문제다.

만일 어떤 사람이 지도를 보며 목적지를 향해 가다 길을 잃으면, 지도가 잘못됐다거나 그 사람이 잘못했다고 생각하지는 않는다. 그가 아직 지도 보는 법을 제대로 배우지 못해서 그랬을 수도 있기 때문이다. 그런데 만일 지도 보는 법을 훈련받아 '지도지능'이 생기면, 지도 1장만 가지고도 원하는 곳까지 잘 찾아갈 것이다. 마찬가지로 많은 사람들은 아직 정서지능을 개발하지 못했거나 활용법을 알지 못하는 상태이기 때문에, 그토록 헤매는 것이다. 지도를 보는 방법처럼, 감정을 활용하는 능력을 기른다면 누구나 길을 잃지 않고 가고자 하는 방향으로 잘 갈 수 있다.

그런데 정말 아이러니한 것은, 우리가 감정을 억누르고 무시하려고 애쓸수록 그 감정은 더욱 필사적으로 자신의 메시지를 전하려 한다는 점이다. 그렇게 되면 내면에서 전쟁이 일어나고 에너지가 고갈된다. 당연히 제대로 된 선택이나 결정을 할 수 없다.

다른 시스템의 경우도 마찬가지겠지만, 감정과 관련된 시스템이 제 기능을 못한다고 해도 일상생활에는 큰 문제가 없을 수도 있다. 그러나 분노나 두려움 같은 감정들이 해소되지 못하고 계속해서 쌓이기만 한다면 어떻게 될까? 가뜩이나 점점 더 빠르게 돌아가고 한 치 앞도 알 수 없는 막막한 세상인데, 그렇게 속이 시끄러워서야 어떻게 감당하겠는가?

해결책은 감정에 대해 공부하고, 감정과 제대로 된 동맹관계를 맺는 것이다. 좋은 충고를 해주는 사람의 말에 귀 기울이듯, 맹목적이거나 무조건적이 아니라 세심하게 그리고 진지하게 감정이 하는 말에 귀 기울여야 한다. 정서지능의 핵심이 바로 그것이다. 감정에는 지혜가 담겨 있고, 우리가 그 지혜를 제대로 활용할 때 비로소 최선을 다할 수 있게 된다는 깨달음이다.

'감정과 동맹관계를 맺는다.'는 것이 대체 무슨 말인지 궁금할 것이다. 감정과 동맹을 잘 맺어 삶을 바꾼 사례를 살펴보면 무슨 뜻인지 쉽게 이해가 될 것이다.

캐롤Carol은 교사이자 어느 단체의 임원이다. 그녀는 약물중독에 빠진 캐나다 원주민 10대 아이들을 돕는 약물중독치유센터를 운영하고 있는데, 그곳은 그 분야에서는 세계 최초의 센터 중 하나다. 현명하고 속 깊은 사람인 캐롤은 온갖 역경에도 불구하고 센터에 오는 청소년들은 물론이고 자기 자신까지 치유하고 변화시켜왔다. 그야말로 '용기 있게 헌신하는' 인물의 롤모델이라고 불릴 만한 비범한 사람이다. 물론 처음부터 아무 문제가 없었던 것은 아니다.

캐롤은 수년 전 식스세컨즈의 고급 훈련과정을 수료했는데, 그 과정에서 '자신의 감정과 동맹관계를 맺는 훈련'을 받았다. 그룹 미팅에서 참여자들은 서로 다른 감정에 대해 중요한 질문을 던진다. 그 과정의 기본 전제는 3가지다. 첫째, 감정은 우리를 돕고 싶어 한다. 둘째, 그래서 감정이 하는 말에 귀 기울이면 도움 받을 수 있다. 셋째, 감정은 에너지로 변해 우리를 도와준다. 그 과정에서 캐롤은 감정을 이해하고 감정의 도움을 받는 법을 익혔다고 말했다.

훈련과정이 끝나고 6개월 후에 캐롤을 다시 만났는데, 그녀는 내게 최근 몇 년간 이렇게 건강하고 활력이 넘치고 집중력이 좋았던 때는 없었다며, 체중도 20kg 이상 줄었다고 말했다. 그 말에 나는 깜짝 놀라 대체 어찌 된 거냐고 물었다. 그녀는 이렇게 말했다.

"감정을 조언자처럼 활용하는 훈련 기억나시죠? 그 훈련을 받고 저는 제 감정을 대하는 자세를 바꾸었어요. 이제 전 더 이상 저 자신, 제 감정과 싸우지 않아요. 그 후로 이 모든 기적 같은 일들이 벌어지게 된 거죠."

· **핵심개념**

전통적인 통념에 따르면 감정은 논리 내지 이성을 말살시켜버린다. 그러나 신경과학자들이 새로 발견한 증거들에 따르면, 사실은 정반대다. 감정은 올바른 결정을 내리는 데 반드시 필요하다.

· **참고자료**

《데카르트의 오류:감정, 이성, 그리고 인간의 뇌》, 안토니오 다마지오 지음, 김린 옮김, NUN, 2017.
《감정이라는 무기》, 수전 데이비드 지음, 이경남 옮김, 북하우스, 2017.
《감정은 어떻게 만들어지는가?》, 리사 펠드먼 배럿 지음, 최호영 옮김, 생각 연구소, 2017.

· **핵심연습**

감정과 동맹관계를 맺어라. 감정을 무시하지 말라. 그렇다고 감정에 너무 큰 비중도 두지 말라. 우리에게 조언을 해주는 사람에게 하듯, 감정의 메시지에 귀 기울이고 그 관점을 존중하라.

· 03 ·

죽은 조직도
다시 숨 쉬게 하는 리더

리더가 된다는 건 자신의 비전을 높게 설정하고,
업무성과를 끌어올리고, 일반적인 한계들을 뛰어넘는 인물이 된다는 뜻이다.
—피터 F. 드러커

리더가 정서지능의 중요성을 알고 그 활용법을 조직에 도입하면, 구성원들은 더 좋은 환경에서 일하게 되고 자신의 일을 더 좋아하게 된다. 더 열심히, 더 진심으로 일하니 성과도 그만큼 오른다. 조직 내 커뮤니케이션이 활발해져 각종 문제들도 원만하게 해결되고, 고객과의 관계도 더 긴밀해진다. 그러면 결과적으로 이직률이 낮아지고 사업은 더 번창한다. 선순환에 접어드는 것이다.

비즈니스에서 통찰력과 연결, 그리고 목적을 찾아내는 기술은 늘 중요했다. 고대 이집트의 상인이자 승려들이 무역을 신성한 의무로 여긴 이래로, 비즈니스는 의도적으로 사람들을 서로 연결해주는 과정이었다. 그리고 어느 시대에나 조직의 리더가 된다는 건

늘 복잡하면서도 힘겨운 도전이었다. 게다가 최근에는 이런저런 변화와 압박들이 추가되면서 리더가 된다는 것이 과거보다 훨씬 더 힘든 일이 되어버렸다. 그만큼 정서지능의 역할이 중요해졌다.

먼저 고객과의 문제부터 살펴보자. 요즘 기업들은 롤러코스터처럼 요동치는 시장에서 비즈니스를 한다. 그 어느 때보다 예측 불가능하고 혼잡한 시장이다. 게다가 고객은 전 세계 어디에서나 제품을 살 수 있다. 그렇다면 당신은 대체 어떻게 경쟁우위를 만들어낼 것인가? 미래학자 다니엘 핑크Daniel Pink는 이렇게 말했다. "북적대는 시장에서 두각을 드러내려면 영성靈性과 감정, 미학에 호소해야 한다."

사람들은 왜 그 많은 커피숍을 놔두고 스타벅스에 갈까? 운전자보다 차가 더 많은 미국에서 왜 어떤 사람들은 굳이 테슬라 전기 자동차를 살까? 핑크는 이렇게 설명한다. "이제는 제품과 서비스에 미적, 감정적 측면은 물론이고 영적인 측면까지 포함되어야 프리미엄이 붙는다." 그래서 핑크가 말하는 이른바 '가속화된 의미 찾기' 트렌드가 생겨나게 되었다.

반면 이제 고객들은 단순히 제품이나 서비스를 사는 것을 넘어 경험을 추구한다. 물론 당신 회사의 제품이 괜찮은 성능이나 디자인으로 고객의 욕구를 충족시킬 수도 있겠지만, 그것만으로는 충분치가 않다. 훨씬 더 많은 부분이 당신 회사의 '사람들'에 의해 채워지기 때문이다. 애플의 수석 부사장 안젤라 아렌츠Angela Ahrendts가 '인재개발'을 조직운영의 최우선 과제로 두는 이유도 바로 이것이다.

애플 스토어가 큰 성공을 거둔 이유가 뭘까? 애플의 제품들이 매력적이어서 그렇기도 하겠지만, 사실 같은 제품을 온라인에서 더 쉽게 구입할 수도 있다. 아렌츠는 이렇게 말했다. "우리 매장에서 고객들은 제품을 경험해보면서 배우고자 하는 욕구가 올라가는 느낌, 창의력을 가로막았던 족쇄가 풀리는 느낌, 인간관계가 원활해지는 느낌을 받습니다." 이 모든 정서적 자극은 기계 자체가 주는 것이 아니라, 애플 스토어에서 경험한 '멋진 느낌'에서 나온다.

고객들이 새로운 경험을 추구하듯, 직원들 역시 마찬가지다. 이제 전 세계의 기업체 직원들 중 37%는 돈이나 지위보다 목적과 의미를 중시하며, 또한 그런 사람들이 업무성과도 더 좋고 리더십 역량도 더 잘 발휘한다. 다음과 같은 질문들을 생각해보라.

1. 당신은 고객이 어떤 경험을 하길 바라는가?
2. 당신의 조직이 고객에게 그러한 경험을 선사하려면, 직원들에게는 어떤 경험이 필요하고 조직문화는 어떻게 바꾸어야 하겠는가?
3. 직원들이 그러한 경험을 하고 조직문화가 그렇게 바뀌려면,

리더에게 어떤 능력이 필요하겠는가?

이런 질문들은 평상시에도 어렵지만, 요즘과 같은 '변화의 소용돌이'에 빠져 있을 때는 더더욱 어려운 도전과제다.

소용돌이 속에 빠져 있다면

리더라면 누구나 지속적인 성공을 보장할 만한 명쾌하고도 멋진 계획을 세우고 싶어 하지만, 사실 그런 계획을 세울 수 있는 리더는 거의 없다. 내가 컨설팅해준 조직들은 모두 독특한 도전과제를 안고 해결책을 찾으려 몸부림치고 있었다. 말하자면 '변화의 소용돌이'에 빠져 있었다. 분명 뭔가 소용돌이치고 있는데…, 어떻게 변화해야 하는지, 어떻게 대처해야 좋을지 모르는 불확실성의 소용돌이 말이다. 특히 조직의 중심에 있는 사람에게는 그것이 더 확실하고 생생하게 느껴진다. 그러한 혼돈 속에서, 리더들은 엄청난 압박감에 내몰린다. 단언컨대, 이처럼 거센 도전에 맞닥뜨릴수록 정서지능의 중요성은 한층 높아진다.

조직 내에 소용돌이를 일으키는 대표적인 요소가 무엇일까? 다음과 같이 5가지로 나눠볼 수 있다.

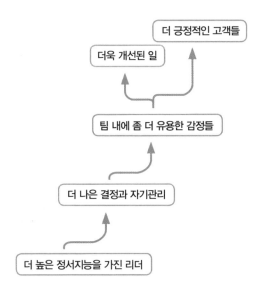

정서지능의 성과
정서지능이 높은 리더들은 긍정적인 감정 혹은 분위기를 조성할 수 있고, 결과적으로 직원들 개인은 물론이고 직원과 고객의 관계 또한 더 좋아진다.

1. 급속한 혁신, 유연한 대응

오늘날에는 기술의 라이프사이클이 믿기 어려울 만큼 짧아졌다. 때문에 전례 없이 강력한 적응력과 혁신능력이 필요해졌다. 변화에 잘 적응하려면 유연성이 필요한데, 그 유연성은 조직 구성원의 감정이 어떤가에 따라 잘 발휘될 수도, 그렇지 않을 수도 있다.

2. 전 세계와 경쟁하는 시대

소위 '글로벌' 시대가 되면서 지역, 국가를 넘어 전 세계와 경쟁하게 되었다. 유통은 한층 더 복잡해졌고 이윤이 줄어든 데다, 서로 다른 문화들 간의 커뮤니케이션이 늘어났다. 리더는 반드시 균형감각을 갖춰야 하고 더욱 신중해져야 한다. 조금이라도 긴장을 늦췄다간 큰 손실이 발생할 수도 있다. 게다가 이제는 새로운 시장에 뛰어들려면 대규모의 자본이 필요하다. 이런 상황에서 어떤 식으로 경쟁해야 좋을지 확신이 없기 때문에, 많은 조직들이 여기저기서 기업인수에 나서고 있다.

3. 인재 쟁탈전

'초연결시대'가 도래하면서 사람들은 이제 세계 어디서나 재택근무를 할 수 있다. 재능 있는 사람들은 조직에 얽매이지 않고 독립된 생활을 하고 싶어 한다. 그래서 직장이 일할 분위기를 만들어주지 못한다거나 기업이 의미 있는 비전을 실현하지 못할 경우, 정말 재능 있는 인재들은 즉각 빠져나간다. 업워크Upwork의 최고경영자 스테판 카스리엘Stephane Kasriel은 한 인터뷰에서 아웃소싱 분야의 변화에 대해 "1,200만 명의 사람들이 500만 개의 기업에서 재택근무를 하고 있다."고 이야기했다. 이제 인재들은 세상 모든 곳에 있는 고객들을 위해 세상 어디서나 일한다.

직장의 개념이 변화하는 또 다른 예가 있다. 우리는 병원에서 중요한 변화를 이끌고 있는 간호사들을 상대로 소규모 연구를 한 적이 있다. 그 간호사들이야말로 조직이 꼭 붙잡아야 하는 사람들이었다. 왜 계속 간호사 일을 하느냐는 질문에 그들이 꼽은 첫 번째 이유는 인간관계였다. 그리고 바로 뒤를 이은 이유가, 병원에 있으면 중요하고 의미 있는 일을 계속할 수 있다는 것이었다.

4. 투명해진 세상

소셜 미디어의 부상과 신뢰관계의 혁명(요즘 사람들은 낯선 이들과는 자동차도 같이 타지만, 은행은 더 이상 신뢰하지 않는다.)으로 인해, 기업들은 이제 자신들이 메시지를 통제할 수 없게 되었다. 뭔가 실수를 하면 몇 초 안에 트위터를 통해 전 세계에 알려진다. 리더는 이런저런 압박에 기계적으로 반응한다거나 문제를 은폐해 모호함을 키우기보다는, 모든 결정을 신중하게 내리고 직원들이 자신이 하는 일에 전력투구하게 만들어야 한다.

5. 급변하는 가치

100년 전만 해도 주식시장은 일부 전문 투자자들의 독무대였으나, 인터넷 거래가 가능해지면서 이제는 그야말로 각계각층의 모든 사람이 주식을 사고판다. 내가 지난 10여 년간 지켜본 바에 따르면, 주가는 뛰어난 전략이나 조직의 효율성 등과는 별로 관계가 없는 듯하며, 그보다는 오히려 사람들의 생각이나 감정 또는 정책이 바뀔 거라는 소문처럼 통제 불가능한 요소들에 의해 좌우되는 것 같다. 그 결과 사람들은 기업의 성공에 대해 믿기 어려울 만큼 근시안적인 비전을 갖는다. 그래서 많은 리더들은 지속적인 가치에 집중하기보다는, 이번 분기, 이번 달, 이번 주, 심지어 이 순간에 집중할 수밖에 없는 상황에 내몰린다.

그러나 제대로 된 결정을 내리려면 시급한 것들과 진정으로 중요한 것들 사이에서 균형을 잘 잡아야 한다. 내가 만난 수많은 리더들은 자기네 조직의 직원관리방식을 바꿔야 한다는 걸 누구보다 잘 알지만 당장은 그럴 여유가 없다고 말하곤 했다. 그 결과는 무엇일까? 불확실성과 혼란으로 인한 고통이다. 이 책의 초판을 출간한 뒤 15년간 나는 "우리 회사는 모든 게 아주 안정돼 있고 특별히 큰 변화도 일어나지 않습니다."라고 말하는 리더는 단 한 사람도 본 적이 없다.

어떤 리더들은 그 모든 불확실성과 혼란을 막아내고, 실패도 배움의 일부가 되는 문화를 만들어낸다. 그런 조직에서는 모든 사람들이 제 가치를 인정받고, 100m 달리기가 아닌 마라톤에서의 승리를 성공으로 여긴다. 격심한 도전 속에서도 이처럼 뛰어난 효율성을 보이는 리더십의 '마력'은 무엇일까? 그들은 어떻게 계속해서 문제의 핵심을 놓치지 않고 끊임없이 균형감각을 유지하며, 외부적인 혼란 속에서도 구성원들이 이런저런 위험에 굴복하지 않는 환경을 만들어내는 것일까?

우리를 에워싼 변화의 소용돌이를 감안하면, 점점 더 많은 리더들이 주변을 돌아보며 이런 말을 하게 될 것이다. "이건 전혀 새로운 상황이고, 우리는 이제 새로운 툴이 필요해." 그 새로운 툴이 바로 정서지능이다. '정서지능'이란 말이 주류의 어휘로 편입되면서, 리더들은 정서지능이란 개념이 어떻게 가치를 창출하는지에 점점 더 깊은 관심을 보이고 있다.

HSBC에서부터 카타르 항공, 미 해병대, 프록터앤드갬블P&G에 이르는 많은 조직들이 지금 경쟁우위를 확보하기 위해, 혹은 전례 없는 인재전쟁과 시장압박에 대처하기 위해 정서지능과 관련된 실험들을 하고 있다. 우리는 2006년 이후 전 세계의 리더들을 상대로 설문조사를 해오고 있는데, 그 설문조사에는 "현재 당신 회사가 직면한 가장 큰 문제는 무엇인가?"라는 질문도 포함되어 있다. 그 질문에 약 75%가 '사람 및 인간관계'라고 답했고, '재정 및 기술문제'는 25%밖에 안 됐다. 응답자의 무려 89%는 조직의 가장 큰 문제를 해결하는 데 정서지능이 '아주 중요하다'거나 '꼭 필요하다'고 답했다.

인재개발의 목적	재능 있는 사람을 찾고 채용하고 유지한다.
	조직 내부에서 키우거나 외부에서 찾아내 데려옴으로써 인재를 개발하고, 그들에게 성공에 필요한 자질을 길러준다.
	가장 뛰어난 전문가를 채용하고, (이게 더 중요한 것이지만) 그들이 이탈하지 않도록 한다.
인재개발을 가로막는 압박들	투자는 줄어들고 업무책임은 늘어났다.
	일을 제대로 하는 데 필요한 시간은 부족하다.
	동료들과 얘기할 시간이 너무 없다.
	세상이 점점 더 복잡해지고 경쟁이 심화되었으며 규제가 많아졌다.
	예산이 부적절하다.

우리 회사가 직면한 가장 큰 문제
뛰어난 인재를 찾고 유지하는 일은 점점 더 중요해지고 있다. 특히 리더들이 '더 적은 자원으로 더 많은 일을 해주길' 기대하는 오늘날의 조직 상황에선 더욱 더 그렇다.

조직은 사람과 각종 프로세스와 자산으로 이루어져 있다. 과거에는 프로세스와 자산에 투자하면 수익이 나온다고 생각하는 게 일반적인 믿음이었다. 그러나 최근 수십 년간 행해진 많은 연구들로 그런 믿음이 뿌리째 흔들리고 있으며, 모든 걸 결정짓는 가장 중요한 요소는 결국 사람이라는 믿음이 점점 더 힘을 얻고 있다.

뷰카 상황에서 살아남기

전통적인 상명하달 지휘체계 하에서는 성공할 수 없는, 특별한 훈련이 필요한 작전을 수행해야 할 때, 미국 군대에서 '뷰카'(VUCA, 변동성Voatility, 불확실성Uncertainty, 복잡성Complexity, 모호성Ambiguity의 앞 글자들을 따 만든 말 – 옮긴이)라는 용어를 쓰기 시작했다. 그러니까 상황이 가변적이고, 불확실하고, 복잡하고, 모호할 때, 군인들은 상사의 명령이 없어도 이런저런 조짐이나 징후를 보고 그에 맞게 적응해야 한다는 것이다. 라틴 아메리카의 지멘스 헬시니어즈 사에 대한 한 최근 사례연구에서, 이 회사 관리팀은 자신들이 뷰카 상황에 닥쳤다고 판단했다.

최근 라틴 아메리카의 많은 국가들은 급격한 사업환경변화와 정치적 불확실성, 사회적 격변을 겪고 있다. 지멘스 헬시니어즈의 라틴 아메리카 본부가 있는 브라질의 경우, 지난 10년간 화폐가치가 무려 50% 넘게 떨어졌다.

상황이 이렇다 보니 지멘스 헬시니어즈 관리팀은 경영환경의 변동성과 불확실성 때문에 내내 불안해했고, 그 결과 직원들끼리서로 협조해 위험을 무릅쓰고 도전하거나 공동의 목적달성을 위해 집중하는 일도 점점 사라졌다. 부서 간에 소통이 줄어들고, 문

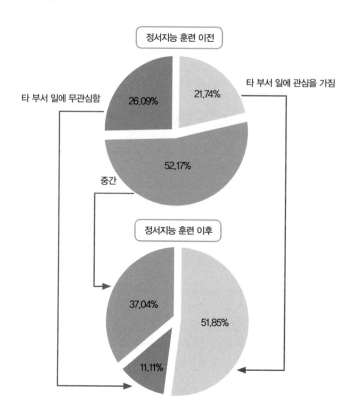

정서지능 프로그램 도입 전후의 변화

8개월 후 타 부서 일에 무관심한 관리자 수는 절반 이상 줄었고, 관심을 가진 관리자 수는 2배 이상 늘었다.

제가 생기면 서로에게 책임을 떠넘기기에 바빴다. 각자 자기 일만 신경 쓰고, 전화통화 대신 이메일로만 업무를 주고받았다. 만나서 설명하면 쉽게 끝날 일을 더 어렵고 복잡하게 처리한 것이다. 소통의 부재는 그 외에도 수많은 문제를 낳았다.

그래서 그들은 브라질 상파울루에 있는 식스세컨즈 파트너 크론베르크Kronberg의 도움을 받아 정서지능 프로그램을 시작했다. 타 부서와 협업을 잘하고 팀워크를 높이는 것이 이들의 목적이었다. 8개월간 그들은 정서지능 훈련 프로그램을 수행하며 신뢰도와 팀워크를 강화했고, 그 결과 타 부서에 높은 친밀도와 관심도를 가진 관리자가 무려 139%나 늘었다.

이것이 현실에서 뜻하는 바는 무엇일까? 한 관리자는 이렇게 표현했다. "예전에 갖고 있던 문제들이 다 사라진 것 같습니다. 우리는 더 성숙해졌고 매일 일어나는 문제들을 해결하기 위해 더욱 결집된 모습을 보입니다."

리더, 고객, 직원의 관점

1990년대 이후로 수많은 학자들이 정서지능의 개념을 광범위하게 연구해왔다. 그렇다면 조직에서 정서지능이 갖는 가치를 정량적으로 따져볼 수 있을까?

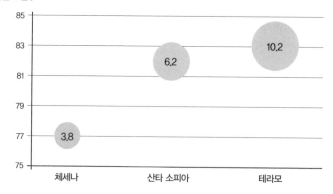

몰입도 점수

아마도리의 정서지능과 업무성과

이탈리아에 있는 맥도날드의 주요 공급업체 아마도리Amadori의 연구원들은 관리자들의 정서지능과 업무성과 사이에 아주 밀접한 관련이 있다는 걸 알아냈다. 게다가 위의 그래프에서 보듯, 관리자의 정서지능, 직원의 업무몰입도, 업무성과 사이에는 직접적인 관련이 있었다. 3곳의 공장이 나오는데, 직원의 업무몰입도 변동치의 76%는 관리자들의 정서지능 점수(동그라미 안의 숫자)에 의해 좌우됐다. 또한 이 3군데 공장에서 직원들의 몰입도 수준은 공장의 성과와 직접적인 관련이 있었다.

정서지능은 재무성과에 얼마나 영향을 줄까?

앞에서도 말했듯, 세계적인 수준의 리더가 되려면 여러 분야에서 뛰어나야 한다. 또한 어떤 조직에서든 리더가 되려면 특별한 능력이 필요하지만, 뛰어난 리더가 되려면 그야말로 남다른 능력이 있어야 한다. 경영대학원에 가보면 시장분석법이나 스프레드시트 활용법을 가르치지만, 실제 리더들이 토로하는 가장 힘든 문제는 그런 것이 아니라 '사람' 문제다. 리더들은 특히 다양한 구성원들에게 지속적으로 의욕과 열정을 발휘하도록 독려하는 것을 힘들어 한다.

우리가 조사해본 바에 따르면, 한 사람이 가진 생산성의 거의 1/3(약 28%)은 다음과 같은 4가지 '인간적인' 요소들에서 비롯된다. 첫째 유용한 피드백이 적절하게 돌아오는가, 둘째 업무를 선택할 수 있는가, 셋째 업무의 가치를 파악할 수 있는가, 넷째 긍정적인 조직문화가 조성되어 있는가이다. 정서지능이 높은 리더는 이와 같은 4가지 요소를 효율적으로 다룬다.

이탈리아에 있는 맥도날드의 주요 공급업체 아마도리에서 조사해보니 결과가 상당히 놀라웠다. 상위 25% 관리자들이 각종 성과 측정에서 높은 점수를 받았는데, 특히 그들의 업무성과를 좌우하는 요소 중 정서지능이 47%나 영향을 미쳤다. 게다가 중요한 공장 3곳에서 근무하는 관리자들의 정서지능은 '바이탈 사인'(82쪽에 자세한 설명이 나온다.) 평가와 관련이 있었고, 직원의 업무 몰입도 역시 변동치의 76%가 관리자들의 정서지능 점수에 좌우되었다. 결국 조사가 행해진 공장 3곳의 직원 몰입도 수준은 공장 전체의 업무성과에 직접적으로 연관되었다.

정서지능은 순수한 인지적 지능보다 기업의 업무성과에 2배 이상 영향을 주고, 직원들의 기술 및 지식, 전문지식보다도 더 크게 성과를 좌우한다. 그동안 학자들은 정서지능의 금전적 가치를 측정해보려는 수많은 시도와 연구를 진행했다. 특히 정서지능이 높은 리더들이 어떻게 더 나은 비즈니스 성과를 창출하는가에 대해서 말이다. 실제로 한 연구에서 186명의 리더들을 상대로 정서지능 점수를 회사 수익과 비교해봤는데, 대체로 핵심적인 정서지능의 측면들(공감능력, 자의식 등)에서 더 높은 점수를 받은 리더일수록 회사의 수익 또한 더 높았다. 〈하버드 비즈니스 리뷰〉에는 '리더의 우수성은 내적 자원에서 시작해 내적 자원에서 끝난다.'는 주제로 다음과 같은 기사도 실렸다.

"자의식을 개발하는 데 실패한 리더들은 일상생활에서 감정적으로 죽은 것이나 다름없다. 그렇게 되면서 진정한 자아까지 위협받는다. 내적 자원 개발을 등한시할 경우 자신의 동기부여만 약화되는 게 아니라 '다른 사람들에 대한 영향력'까지 잠식되기 때문이다."

2000년 이전까지만 해도 '다른 사람들에 대한 영향력'에 대한 얘기를 할 때면 GE의 회장 겸 최고경영자 잭 웰치Jack Welch를 떠올렸다. "GE의 모든 관리자는 매년 자기 팀 직원들의 10%를 해고해야 한다."라고 말했던, 무서울 정도로 단호한 경영자 말이다. 그러나 그런 잭 웰치마저도 2000년 이후 〈월스트리트 저널〉과의 인터뷰에서 이런 말을 했었다. "정서지능을 갖는다는 게 책으로 지식을 배우는 것보다 훨씬 드물고 어려운 일이지만, 내 경험상 리더가 되기 위해서는 정서지능이 더 중요하다."

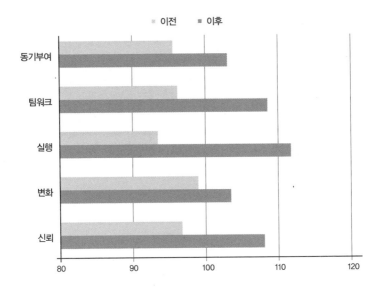

이전 ■ 이후

동기부여

팀워크

실행

변화

신뢰

80   90   100   110   120

고마쓰 공장에서의 관리자 업무몰입도 증가
정서지능 프로그램을 하기 전과 후에 이탈리아 고마쓰 공장의 관리자 업무몰입도 점수 변화. 전반적
인 몰입도 점수는 2배 늘었고, 공장의 생산성 역시 9.4% 올랐다.

오늘날 리더들은 조직에 어떻게 영향력을 미치고 있을까? 갤럽
의 여론조사 결과에 따르면, 전체 노동력의 거의 3/4은 조직 몰입
도가 아주 낮다. 그런데 리더가 직원들의 '몰입도'(조직이나 일에 대
한 관심 및 헌신 측면에서)를 높이기 위해 정서지능을 잘 활용한 경
우 괄목할 만한 성과를 올렸다고 한다.

업무몰입도가 높은 팀은

· 이직 가능성이 50% 이상 낮고,

· 평균 이상의 고객충성도를 확보할 가능성이 56% 이상 높으며,

· 평균 이상의 생산성을 올릴 가능성도 38% 이상 높고,

· 수익이 높아질 가능성 역시 27% 이상 높다.

관리자의 정서지능은 업무성과에 긍정적인 영향을 미친다. 일본 중장비 제조업체 고마쓰의 이탈리아 공장에서 식스세컨즈 '팀 바이탈 사인' 평가를 실시했다. 참고로 '퍼포먼스 바이탈 사인Performance Vital Sign' 툴을 통상 '바이탈 사인'이라고 부르는데, 크게 3가지로 나뉜다. LVS는 리더십 바이탈 사인Leadership Vital Sign으로 리더십을 평가하는 360도 다면평가도구이고, TVS는 '팀 바이탈 사인'으로 팀 단위 조직활력도를 평가하는 도구다. 마지막으로 OVS는 팀보다는 큰 단위 조직Orgarnization을 진단하는 도구다. 바이탈 사인은 기본적으로 개인이나 조직의 동기부여motivation, 변화change, 팀워크teamwork, 실행execution, 신뢰trust 등 5가지 요소를 진단한다.

바이탈 사인 평가결과를 토대로 매니저들로 팀을 구성했는데, 그 팀은 상상력, 탐구심, 축하행사 등에 특히 많은 관심을 기울였다. 또한 '식스세컨즈 변화 맵'을 가이드로 삼고 정서지능 향상 과

정을 수행했다. 그 후 이전과 이후를 비교해보니, 공장의 업무성과를 높이는 데 필요한 5가지 주요 동력이 눈에 띄게 향상되었으며, TVS 참여지수도 33에서 70으로 크게 향상됐다. 공장 전체의 효율성 역시 9.4% 늘어났다.

그렇다면 정서지능이 높은 리더가 정말 더 효율적인 팀을 만드는 걸까? 정서지능과 리더십 간의 관계를 알아내기 위한 한 연구에서 영국 해군 261명을 상대로 지적능력, 관리능력, 정서지능, 전반적인 업무성과, 성격 등에 대한 테스트를 실시했다. 참가자들은 크게 두 부류, 그러니까 장교와 사병으로 나뉘었다. 결과는 어땠을까?

정서지능이 리더십의 수준이나 경향을 예측하는 데 중요한 역할을 한다는 게 밝혀졌다. 예를 들어 관리능력이나 지적능력과 달리 정서지능은 전반적인 업무성과와 리더십을 예측하는 데 더 큰 도움을 주었다. 게다가 정서지능은 조직 내에서 더 높은 직위에 있는 사람들의 리더십과 업무성과에 더 큰 영향을 미쳤다. 예를 들어 고급 장교일수록 정서지능이 훨씬 더 중요했다.

정서지능을 연구할 때 한 가지 힘든 점은, 정서지능의 영향을 다른 요소들로부터 분리해내는 일이다. 정서지능의 여러 기술들 중 특정 기술의 영향력을 평가하기 위해, 프로젝트 관리자들을 대상으로 연구해보았다. 성격과 전반적인 지능의 차이점들을 측정해보았다. 그 결과 정서지능(특히 감정인식 능력과 감정이해도)가 높은 참여자일수록 팀워크를 향상시키는 능력과 갈등조정 능력이 뛰어났다.

인도에서 81명의 기술 분야 전문가들을 상대로 진행한 연구에서도 비슷한 결과가 나왔다. 사람들 사이에 갈등이 발생할 경우, 서로 윈윈할 수 있는 방향으로 해결하는 데 정서지능이 큰 역할을 한 것이다.

영국 최대의 한 레스토랑 그룹에서 실시한 연구에서도, 정서지능이 높은 리더들이 업무효율성이 더 높다는 명백한 증거가 나왔다. 그들이 운영하는 레스토랑은 다른 곳들에 비해 고객만족도가 높고 직원들의 이직률도 낮았으며 수익 성장률도 34%에 달했던 것이다. 세계적인 식음료 기업 펩시코에서도 비슷한 결과가 나왔다. 정서지능이 높은 경영자는 다음과 같은 면에서 훨씬 좋은 결과를 보였다.

· 생산성 10% 향상

· 임원 이직률 87% 감소

· 경제적 가치 375만 달러 증액

· 1,000% 이상의 투자 수익률

마찬가지로 존슨앤드존슨Johnson & Johnson에서 358명의 리더들을 상대로 실시한 연구에서도 업무성과가 뛰어난 리더들과 정서지능 사이에는 아주 긴밀한 관계가 있는 걸로 나타났다. 결론은 아주 간단명료하다. "정서지능은 성공한 리더들의 차별점이다."

윤리적 리더십

전 세계적인 경제위기의 여파로 '윤리적 리더십ethical leadership'은 더 많은 관심을 끌게 되었다. 2018년에는 데이터 분석 기업인 케임브리지 애널리티카Cambridge Analytica가 개인정보를 유출한 사건 등이 알려지면서 '윤리적 리더십'에 대한 논쟁이 한층 뜨거워졌다. '투명한 경영'에 대한 요구가 커졌고, 윤리적 결정을 내릴 수 있는 리더의 능력을 중시하게 되었다.

여기에서 조직의 분위기 또한 아주 중요한 역할을 한다(다시 말하지만, 정서지능은 조직의 분위기를 개선하는 데 꼭 필요한 요소다).

연구자들은 조직 내부의 분위기와 윤리적 경영 사이에 어떤 관계가 있는지를 연구했다. 예상했다시피, 내부의 분위기가 긍정적일수록 구성원들 또한 더 윤리적으로 일을 처리했다. 그리고 윤리적인 사람일수록 자신의 임무를 게을리할 가능성도 더 낮았다. 결국 리더가 조직의 분위기를 긍정적으로 만들어낼수록 구성원들의 윤리의식도 높아지고, 보상 또한 더 많아진다는 의미다.

또 다른 연구에서 경영대학원 학생들의 정서지능을 평가했다. 그들이 자신과 타인의 윤리적 행동을 어떻게 평가하는지에 대해서도 테스트했다. 그 결과 다른 사람들의 감정과 연결될 수 있는 공감능력은, 다른 사람들의 윤리적 결정들을 파악하는 능력과도 관련이 있는 것으로 나타났다. 다시 말해, 정서인식력은 윤리인식력과 밀접하게 연결되어 있다. 미국의 한 병원에 근무하는 내과의사들과 간호사들을 상대로도 비슷한 실험을 했는데, 그 결과 정서지능이 높을수록 윤리적인 측면에서 업무성과가 높았다.

맡은 일 완수하기

생산성을 높이기 위한 여러 연구들에서, 구성원과 리더의 정서 관련 능력이 일을 완수하는 능력과 연관 있다는 결과가 나왔다. 예를 들어, 실적이 가장 높은 판매사원은 가장 낮은 사원에 비해 생산성이 12배 높았고, 평균치보다도 85%나 더 높았다. 그런데 왜 이러한 차이가 발생하는지 조사해보니, 1/3은 기술, 인지능력 차이 때문이었고, 나머지 2/3가 정서능력 차이에서 기인했다.

에크타 바아스Ekta Vyas는 의료 분야에서 정서지능과 업무성과 간의 긍정적인 상관관계를 찾아냈다. 변화하는 시기에 조직의 효율성과 의사결정능력, 관계 등을 향상시킬 경우 직원들의 업무몰입도가 눈에 띄게 높아진다는 점을 밝혀낸 것이다.

리더의 감정은 팀의 업무성과에 중요한 영향을 미친다. 예를 들어 유난히 일진이 안 좋은 날, 사장이 얼굴을 잔뜩 찌푸리고 있다면 전 직원이 알아차린다. '오늘은 가까이 가면 안 되겠구나.' 이처럼 한 사람의 감정이 다른 사람에게 번져가는 걸 '감정전염'이라 한다.

그룹 리더의 감정이 그룹 구성원들에게 전염되는 현상을 연구해봤더니, 리더의 긍정적인 감정은 개별적으로든 집단적으로든 구성원들에게 긍정적인 영향을 주었고, 반대로 리더의 부정적인 감정은 부정적인 영향을 주었다. 또한 리더의 긍정적인 감정은 그룹 전체의 화합과 노력에도 지대한 영향을 끼쳤다.

예일대학교의 시갈 바세이드Sigal Barsade 교수는 여러 팀을 상대로 '감정전염'의 영향에 대한 실험했다. 각 그룹에 미리 훈련받은 배우를 투입해, 그룹활동에 참여할 때마다 긍정적이거나 부정적인 감정을 분출하게 했다. 각 그룹은 함께 활동하면서 일정 금액의 보너스를 받은 후 일련의 업무성과 기준에 따라 돈을 써야 했다. 배우가 부정적인 감정을 드러낸 그룹은 자주 분란에 휩싸였고 업무효율성도 떨어졌다. 반대로 배우가 긍정적인 에너지와 활력을 불어넣어 준 그룹은, 구성원들 간에 협조도 더 잘되고 갈등도 줄었으며 성과도 더 좋았다.

앨리스 이센Alice Isen 교수가 방사선 전문의들을 상대로 실시한 유사한 연구에서도 그룹 내부의 긍정적인 감정이 방사선 검사의 정확성을 높여준다는 점을 밝혔다. 긍정적인 감정은 그 외에도 업무성과와 의사결정에 긍정적인 영향을 미쳤고, 심지어 구성원들이 조직을 위해 자발적인 행동을 하는 데도 일조했다.

조직의 전반적인 감정상태는 '조직풍토organizational climate'라 할 수 있는데, 조직풍토를 조성하는 데 핵심적인 역할을 하는 게 바로 리더의 정서지능이다. 리더의 정서지능은 조직풍토에 영향을 주고, 조직풍토는 업무성과에 영향을 준다. 229명의 캐나다 기업가와 중소기업 오너들을 상대로 행해진 연구에서, 기업가들이 조직풍토를 조성하는 데 정서지능과 관련된 행동들을 하는지 여부를 살펴보았다. 18개월간 추적, 관찰한 결과, 더 긍정적인 조직풍토를 조성한 리더가 이끄는 기업이 성장과 수익 측면 모두 더 뛰어났다.

리더의 정서지능은 여러 분야의 성과에 영향을 미친다. 예를 들어 관리자가 직원들에게 어떤 태도를 취하느냐에 따라, 직원들이 주어진 업무를 자발적으로 하느냐 아니냐가 결정된다. 예를 들어 관리자가 직원들 앞에서 걱정, 좌절감, 당혹감 등을 자주 보이면, 직원들은 자발적으로 일하고자 하는 마음을 접는다.

반면 정서지능이 높은 리더는 다양한 감정들을 효율적으로 활용한다. 심지어 어떤 상황에서는 '나쁜 감정'이 도움이 되기도 한다. 예를 들어 세세한 부분에 더 많이 신경 써야 하는 위험한 상황에서는 오히려 '부정적인 감정'이 도움이 된다고 밝혀졌다.

생산성 역시 개인과 직장 간의 관계와 밀접한 관련이 있다. 앞에서 말했듯이 유용한 피드백이 돌아오는가, 업무를 선택할 수 있는가, 업무의 가치를 알고 있는가, 조직 분위기가 긍정적인가 같은 인간적인 요소에 생산성의 1/3이 좌우된다. 다시 말해, 만일 리더가 정서지능을 발휘해 구성원의 인간적 욕구를 이해하고 그걸 충족시켜줄 수 있다면, 그 정서지능이 생산성과 개인의 성공에도 심대한 영향을 준다는 것이다.

모토롤라 제조공장에서 정서지능 프로그램을 활용했더니 무려 93%의 직원들이 생산성이 향상되었다. 마찬가지로, 제조공장 감독자들이 정서능력들과 관련된 교육을 받고 난 후에는 '지체'로 인한 사고가 50%나 줄었고, 공식적인 고충처리 시간이 평균 15년에서 3년으로 줄었다. 공장의 생산성 목표 또한 금액으로 환산해 보니 25만 달러어치나 초과 달성됐다. 그 외에서 수많은 연구들이 진행되면서 정서지능이 리더십과 사회적 영향력을 높이는 열쇠라는 전문가들의 주장이 설득력을 얻고 있다.

매출과 고객 충성도

어떤 조직이든, 사실상 성공의 주요 척도는 '고객들이 당신의 조직을 어떻게 받아들이느냐.'다. 조직이 고객을 끌어들이고 계속 유지하려면 '고객만족' 이상의 것이 필요하다. 이와 관련해 벤자민 슈나이더Benjamin Schneider는 MIT 〈슬로언 매니지먼트 리뷰〉에서 이런 말을 했다. "충성고객을 만들어내려면 '고객감동'을 만들어야 한다."

당신이 고객이라고 생각해보라. 당신은 친구나 동료에게 어떤 기업을 추천하겠는가? 당신이 특별히 그 기업을 추천한 이유를 5가지만 적어보라. 그중 관계나 감정요소와 관련 있는 것이 몇 가지인가? 그리고 이제 그 논리를 당신 회사에 적용해보라.

앞에서도 강조했다. 당신은 당신의 고객이 어떻게 느끼길 바라는가? 고객에게 지원을 잘 받고 있다는 느낌, 존중받고 있다는 느낌을 주고 싶은가? 당신 기업에 신뢰감과 충성심을 갖길 바라는가? 그런 '감정'적인 결과를 얻으려면, 고객이 어떻게 느껴야 할까? 그리고 고객접점의 직원들이 그런 감정을 느끼려면, 관리자들은 어떻게 해야 할까? 이러한 조직 내 '감정풍토'를 만들려면 고위 관리자들은 어떤 기술과 통찰력을 가져야 할까?

정서지능은 인간관계의 중심에 자리 잡고 있다. "관계가 모든 것이다."라는 세일즈 격언처럼 인간관계와 관련된 요소들이 매출은 물론이고 고객이 느끼는 기업 이미지에 엄청나게 큰 영향을 미친다. 세상이 그렇게 변했다. 그렇다면 구성원들이 '고객감동'을 만들어내려면 어떤 내적 기술을 갖춰야 할까?

벤자민 파머Benjamin Palmer와 수 제닝스Sue Jennings가 실시한 한 연구에 따르면, 정서지능 기술은 1개월당 200만 달러 이상의 가치가 있다고 측정되었다. 제약회사 사노피-아벤티스에서 한 판매원 그룹을 무작위로 두 집단으로 나눴다. '실험집단'과 실험을 하지 않고 비교만 하는 '통제집단'이었다. 실험집단에게는 정서지능 훈련을 시켜 정서지능을 평균 18% 올렸다. 그랬더니 그들은 통제집단 판매원들보다 매출이 평균 12%나 올랐다. 매출액이 1인당 5만 5,200달러씩 올랐고, 40명으로 계산해보니 1개월에 총 220만 달러 이상 오른 것이었다. 회사 측 계산에 따르면, 정서지능 훈련비 1달러당 6달러의 이익을 냈다.

호주의 한 보험회사의 경우, 정서지능 훈련을 실시한 결과 매출이 전년도 대비 28% 늘어 수백만 달러의 수익증대로 이어졌다. 직원 개인의 차원에서는 업무성과 평가에서 '우수' 기준에 도달한 직원 수가 13%에서 무려 40% 가까이 올라 61%가 되었다.

또한 우리는 영국 바스 맥주의 관리자와 판매원 33명을 상대로 정서지능과 판매성과 간의 상관관계를 살펴보았다. 연구에 참여한 판매원들은 스스로 자기평가를 했고, 관리자 역시 그들에 대해 점수를 매겼다. 우리 연구진은 결과를 측정할 업무성과 평가툴을

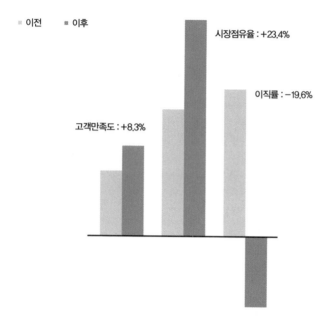

■ 이전　■ 이후

시장점유율 : +23.4%

이직률 : −19.6%

고객만족도 : +8.3%

쉐라톤 호텔 사례연구 : 정서지능 프로젝트 전후의 비즈니스 결과
1년간 정서지능 훈련을 마친 뒤 조직풍토와 각종 사업지표들이 눈에 띄게 개선됐다. 그런 현상은 지금까지도 계속 이어져오고 있다.

나름대로 개발해 정서지능 점수와 업무성과 점수를 비교해보았는데, 그 결과는 다음과 같았다.

- 스스로 평가한 정서지능 점수가 높은 판매원들이 업무성과도 전반적으로 더 좋았다.
- 스스로 평가한 정서지능 점수가 높은 판매원들이 대체로 제품

판매에 더 유능했고 새로운 거래처도 더 많이 확보했으며 승진
도 빨랐다.

• 스스로 평가한 점수보다 관리자가 평가한 점수가 더 높은 판매
  원들은, 전반적인 업무성과가 더 좋았고 새로운 거래처도 더
  많이 확보했다.

배려하는 조직풍토

식스세컨즈 팀과 나는 올랜도에 있는 쉐라톤 스튜디오 시티 호
텔과 손잡고 일한 적이 있다. 당시 그 호텔은 아주 힘든 상황에 처
해 있었다. 임원들의 이직률이 아주 높았고 고객만족도는 바닥에
떨어졌으며 시장점유율도 점차 줄어들었다. 새로 총지배인 자리
에 오른 그랜트 배넌Grant Bannen이 우리에게 1년 프로젝트를 통
해 호텔 업무성과를 높여달라는 부탁을 해왔다.

첫 인터뷰에서 배넌은 호텔이 직면한 도전 과제들에 대해 이렇
게 말했다.

"직원들이 좀 더 활기차졌으면 좋겠어요."

나는 그가 말하는 문제들이 결국 감정문제(물론 '감정'이란 표현은
직접 하지 않으면서 감정 얘기를 했지만)라는 걸 알았다. 그래서 나는
그에게 "우리는 조직풍토를 평가해 프로젝트 후에 직원들이 얼마
나 더 활기차게 변화했는지를 판단하겠다."라는 제안을 했다. 조

직풍토란 결국 조직 내에 존재하는 여러 감정들의 총합, 내부의 전반적인 분위기다. 우리는 조직풍토가 특히 더 안 좋은 부분을 알아내기 위해 '바이탈 사인' 평가를 실시했다.

'조직문화'가 사람들에게서 적절한 행동을 끌어내기 위한 원칙들을 알려준다면(여기서는 사람들이 어떻게 일을 하는가), '조직풍토'는 사람들이 출근하면서 갖는 감정들을 알려준다. '바이탈 사인' 평가를 할 때 직원들은 간단한 온라인 설문조사를 통해 자신들의 인식과 감정을 체크한다. 그다음 그 데이터를 가지고 업무성과 모델 중 '신뢰'를 중심으로 '동기', '변화', '팀워크', '실행'이 주변을 둘러싼 형태로 조직풍토의 5가지 요소를 배치한다. 이에 대해서는 8장에서 자세히 설명하겠다.

쉐라톤 담당자들과 나는 조직풍토 평가결과에 맞춰 계획을 짰는데, 그 계획 속에는 식스세컨즈 정서지능 프로그램을 통해 조직 내 커뮤니케이션을 향상시키기 위한 각종 노력들도 포함됐다. 정서지능 훈련의 목적은 3가지였다. 첫째 직원들 간 대화가 활발해지도록 하는 것, 둘째 업무성과를 높이는 감정적 요소들을 인식시키는 것, 셋째 리더가 직원들의 감정적 측면을 잘 관리하도록 정서능력을 끌어올리는 것이었다. 리더급 직원들은 20시간 이상 정서지능 훈련을 받았고, 일부를 따로 뽑아 20시간 정도 추가로 코칭했다. 일선 직원들은 2~8시간의 정서지능 훈련을 받았다.

결과는 매우 놀라웠다. 고객만족도와 시장점유율이 극적으로 향상했고, 이직률이 현격하게 감소한 것이다. 특히 고객만족도가 굉장히 높아졌는데, 쉐라톤 그룹 본사가 자신들의 VIP고객들을 별 5개짜리 다른 쉐라톤 호텔로 보내지 않고 별 3개짜리 이 호텔로 보낼 정도였다. 우리 역시 '제4차 넥서스 정서지능 콘퍼런스'를 이 쉐라톤 스튜디오 시티 호텔에서 열었는데, 다른 그 어느 호텔들보다 좋은 평가를 받았다.

당시 우리 콘퍼런스에 참여했던 한 사람이 호텔에서 겪은 일을 들려주었다. 일선 직원들의 서비스 정신이 얼마나 철두철미한지를 보여주는 단적인 예다.

"한 직원에게 초콜릿바를 구할 수 있느냐고 물었는데요. 직원이 저에게 어떤 초콜릿바를 좋아하느냐고 묻더니, 잠시만 기다려달라고 하는 거예요. 나중에 알고 보니 호텔 밖의 길 건너편 가게까지 가서 초콜릿바를 사 왔더라고요. 믿기 힘든 얘기죠!"

이런 소소한 일들이 꼬리에 꼬리를 물었고, 쉐라톤 스튜디오 시티 호텔은 고객서비스 점수가 8.3% 향상되기도 했다. 정서지능 프로젝트가 끝나갈 무렵 이 호텔은 전 세계의 쉐라톤 호텔들 가운데 고객서비스 측면에서 '휴가철에 가장 가고 싶은 호텔' 1위에 올랐다. 하룻밤 숙박비가 79달러밖에 안 되는 호텔인데 말이다. 사람에 대한 아주 적은 투자로 엄청나게 큰 변화가 일어난 사례다. 이처럼 정서지능은 내부 자원을 집중하게 만들고, 성과의 동력을 좌우한다. 한마디로 '감정은 사람을 좌우하고, 사람은 성과를 좌우한다.'

인재가 떠나지 않는 조직

쉐라톤 프로젝트에서 우리가 거둔 의도치 않은 효과는, 이직률을 극적으로 낮추고 인재를 유지시켰다는 점이다. 좋은 직원들이 이탈하지 않고 자발적으로 더 좋은 조직문화를 만들어냈고, 그런 조직문화 덕분에 다시 좋은 직원들이 계속 제 자리를 지킨 것이다.

조직을 위해서나 본인을 위해서나 직원 개인의 성공은 매우 중요하다. 그렇다면 성과가 뛰어난 직원들은 어떤 점이 평범한 직원들과 다를까? 어떤 핵심역량이 그를 성공으로 이끈 걸까?

중동에서 했던 초창기 연구 중 하나를 소개하겠다. 식스세컨즈 팀이 '두바이 지식 빌리지Dubai Knowledge Village'와 손잡고 두바이에서 일하는 지식 노동자 418명의 정서지능을 평가해보았다. 그 결과 정서지능과 업무성과 사이에는 아주 긴밀한 관계가 있었다.

'식스세컨즈 정서지능 평가'(이하 SEI) 점수를 뽑아보니, 전문적이고 개인적인 성공요소(효율성, 영향력, 인간관계, 재정 및 경력)의 변동치에 정서지능이 58%나 영향을 미쳤다.

정서지능이 업무성과를 향상시켜주는 중요한 동력이라는 것이 여러 실험과 연구에서 입증되고 있다. 정서지능이 높은 리더들은 구성원들이 뛰어난 역량을 발휘할 수 있는 환경을 조성해주고, 정서지능이 높은 구성원들은 자신의 장점을 더 효율적으로 활용해 뛰어난 성과를 올린다.

그렇다면 정서지능은 어떻게 고성과자를 차별화시켜줄까? 한 글로벌 석유회사에서 그것을 측정해보았다. 국제적인 비즈니스 능력, 전문지식, 인지적 태도, 정서능력들 간의 관계를 조사한 것이다. 108명과 인터뷰하고 결과를 분석해보니, 참여자들은 전문지식이나 인지능력보다는 정서지능과 관련된 요소(성취동기, 공감능력, 자신감 등)을 더 중요하게 생각했다. 참여자들이 업무성과를 향상시켜주는 요소로 공통적으로 꼽은 10가지 중, 인지능력과 관련된 것은 3가지로 19% 언급된 데 비해, 정서지능과 관련된 것은 7가지로 44%나 언급됐다.

또한 정서지능은 스트레스에 지대한 영향을 미친다. 정서지능이 성공을 좌우하는 가장 큰 이유가 바로 그것이다. 어느 대도시

병원에 근무하는 전문적인 산파와 산부인과 전문의 68명을 상대로 조사한 결과, 정서지능은 업무성과에 큰 영향을 주었고(66%), 스트레스에는 약간 영향을 준(6~24%) 것으로 나타났다. 다른 분야도 마찬가지지만, 의료 역시 복잡하고 스트레스가 많은 분야다. 특히 사람 간의 관계나 상호작용이 그 무엇보다 중요하다. 흥미로운 사실이지만, 그 연구에서 정서지능이 특별히 뛰어난 사람들은 직책이 가장 높은 사람들이었다. 감독하고 이끌어야 하는 책임을 가진 사람일수록, 높은 직책에 오를수록 정서지능이 중요했다. 공공 분야 직원들에 대한 한 연구에서는, 정서지능이 높은 사람일수록 조직의 정책을 빨리 이해하고 결근율도 낮게 나타났다.

스타직원 1명이 1억 9,000만 달러를 절약해준다.

새로운 직원들은 대체로 업무성과도 낮고 실수도 잦다. 게다가 그런 구성원을 새로 뽑고 훈련시키는 데는 상당한 비용이 들어간다. 채용의 효과성에 대해서 보통은 50% 정도로 추정하지만, 여러 분야(채용, 훈련, 운용 등)에 걸쳐 비용이 발생하기 때문에 그 손실을 제대로 추적하기란 쉽지 않다. 그런데 미 공군에서 임무를 제대로 수행할 사람들을 선발할 때의 금전적 가치를 뽑아보는 실험들을 해보았다. 수년 전 미 공군은 정서지능이 낙하산부대 지원자들에게 어떤 영향을 주는지를 테스트했다. 훈련병 1인당 약 25만 달러를 투자했음에도 불구하고 일정 수의 지원자들은 훈련을 다 마치지 못했다. 만일 정서지능을 파악한 후 그 결과를 가지고 지원자를 선발한다면, 지원자들이 훈련을 끝까지 마치고 살아남지 않을까?

루벤 바온Reuven Bar-On 박사에 따르면, 5가지 중요한 정서지능 기술들이 훈련을 끝까지 받을 가능성을 높이는 것으로 나타났다. 즉, 자신의 장점과 단점을 더 잘 알고, 자신의 감정을 효과적으로 관리하며, 모든 걸 올바른 관점으로 볼 수 있는 지원자들이 융통성도 있고 적응력도 있었다. 그런 사람들은 낙천적이고 긍정적이어서 극도로 힘든 훈련과정을 끝까지 견디고 무사히 마칠 가능성이 더 높았다. 루벤 바온 박사에 따르면, 이런 능력들을 토대로 지원자를 선정할 경우 무려 1억 9,000만 달러를 절약할 수 있다고 한다.

그들은 조직을 떠나는 게 아니라 상사를 떠나는 것이다.

바야흐로 인재전쟁 시대다. 뛰어난 인재를 불러 모으고 유지하는 일이야말로 더없이 절실해졌다. 다니엘 핑크는 이런 말을 했다. "뛰어난 사람들이 기업을 필요로 하는 것 이상으로, 기업들 역시 뛰어난 사람들을 필요로 한다." 물론 직원의 이직은 조직에 막대한 금전적 손실과 고통을 안겨주는 업무성과 부진이라는 긴 사

슬의 마지막 단계다. 그렇다면 정서지능은 업무성과와 직원만족
도, 직원유지에 어떤 영향을 줄까?

사람들이 이직을 하는 가장 큰 이유가 뭘까? 바로 인간관계다.
주로 직원과 상사(관리자) 간의 문제 때문이다. 리더십 전문가 리
처드 라이더Richard Leider는 이런 말을 했다. "사람들은 조직을 떠
나는 게 아니라 상사를 떠나는 것이다."

우리는 한 병원에서 업무성과가 좋은 사람들이 떠나는 이유와
남는 이유를 연구했다. 이는 식스세컨즈의 '바이탈 사인' 평가에서
던지는 질문 중 하나인데, 우리는 수천 가지 답변을 수집했다. 그
중 업무성과가 뛰어난 리더급 간호사 집단의 답변 32가지를 분석
했다. 그래프를 보면 알겠지만, '떠나는 이유'와 '남는 이유'는 판
이하게 다르다. 그러니까 누군가에게 왜 떠나는지 묻고 그 문제를
바로잡는다면, 그는 떠나지 않을 수도 있다는 얘기다.

더 중요한 것은, 머무는 이유가 거의 다 2가지 요소, 즉 인간관
계 및 사명과 밀접한 관련이 있다는 것이다. 누구나 뭔가 가치 있
는 것의 일부가 되기를 바란다. 이는 결국 건강한 조직풍토와 의
미 있는 사명을 가진 조직들이 인재전쟁에서 승리할 것이라는 의
미이다.

앞서 말했듯, 조직풍토나 분위기, 업무성과 사이에는 밀접한 관
련이 있다. 정서지능이 높은 사람들은 대개 자신의 감정을 더 잘

■ 떠나야 할 이유   ■ 머물러야 할 이유

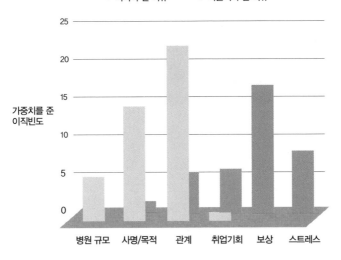

떠나는 이유와 남는 이유

관리하고, 그 결과 직업만족도 또한 높다.

인재가 떠나지 않는 조직은 인간관계에서 어떤 차별점이 있을까? 갤럽이 200만 명 이상의 미국 직장인들을 대상으로 역사적인 설문조사를 했다. 그 결과, 직원의 조직몰입도 수준을 예측할 수 있는 3가지 중요한 요소들을 찾아냈다. 조직몰입도가 높은 직원들은 이직하지 않고 현재 직장에 계속 머물 가능성이 50%가 넘었다. 그들의 인간관계를 차별화시킨 요소는 바로 '감정'이었다. 조직몰입도가 높은 사람들은 다음과 같은 3가지 요소를 공통적으로

가지고 있었다.

- 상사가 자신을 잘 보살펴주고 있다고 느낀다.
- 지난 1주일 내에 리더 위치에 있는 누군가로부터 인정 또는 칭
  찬을 받았다.
- 최고경영자가 직원 자신의 발전에 관심을 갖고 있다고 믿는다.

이런 인간적인 요소들이 직원들을 더 즐거운 마음으로 일하게
해주고 몰입도를 높여준다. 업무효율과 성과는 당연히 오를 수밖
에 없다. 이런 가설을 입증하기 위해 우리는 '바이탈 사인' 평가를
활용한 국제적인 연구를 실시해보았다. 12개 국가의 남녀 임직원
을 대상으로 직장에 대해 느끼는 감정과 업무성과에 대한 인식을
평가해보았다. 평가결과, 조직풍토는 전반적인 성과(업무효율성+
고객서비스+인재유지+지속가능성) 중 57.7%에 영향을 미쳤다. 그
러니까 사람들이 출근하면서 느끼는 감정이 업무효율과 고객서비
스, 인재유지에 지대한 영향을 준다는 의미다.

다른 여러 연구들 역시 조직풍토와 그 조직에 계속 머물고 싶어
하는 사람들의 욕구는 상관관계가 있음을 잘 보여준다. 예를 들어
로레알의 경우, 정서지능이 높은 판매원들은 연간 250만 달러 상
당의 매출을 더 올렸고 입사한 첫 해의 이직률 역시 63%나 더 낮

인재가 떠나지 않는 조직의 업무성과와 감정의 상관관계

앉다. 한 컴퓨터 회사의 판매원들은, 정서능력 위주로 채용한 직원들은 다른 기준으로 채용한 직원들보다 주어진 훈련을 끝까지 마칠 가능성이 90%나 더 높았다. 그래서 최근에는 많은 조직들이 이 점을 주목하고 정서지능 테스트를 채용과정의 일부로 활용하고 있다.

미 공군은 매년 신병채용에 수백만 달러를 쓰는데, 전문 스카우

터가 모집하는 신병수는 월 평균 1명에 지나지 않는다. 정서지능 테스트를 하는 데 1만 달러를 투자할 경우 업무성과가 높을 것으로 예상되는 사람들을 선택할 수 있을 뿐 아니라, 연간 270만 달러의 비용을 절감할 수 있다. 결국 미국회계감사원GAO은 미 국무부에 모든 군기관에서 신병을 채용할 때 정서지능 테스트를 하라는 요청까지 했다.

'가장 일하기 좋은 회사'의 비밀

정서지능이 높은 사람은 자신의 감정을 잘 관리하고, 직업만족도도 높으며, 이는 곧 인재유지와 성과향상으로 이어진다.

정서지능을 높여 직업만족도를 높이는 것은 조직 입장에서 이익이 매우 크다. 14개 국가에서 '가장 일하기 좋은 회사'에 대해 연구한 에드만스Edmans, 리Li, 장Zhang의 연구에 따르면 직원의 업무 만족도는 더 높은 장기적, 금전적 보상, 가치 있는 일이 비율, 전반적인 수익성 등과 밀접한 관련이 있었다. 이런 현상은 노동시장이 유연한 국가들에서 특히 더 눈에 띄게 나타났다. 직원을 선발하고 훈련시키고 승진시키고 이끄는 데 정서지능이 직업만족도를 높여주는 중요 요소가 된 것이다.

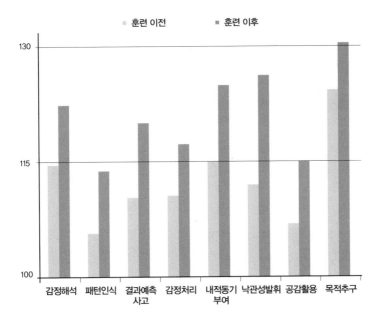

감정해석: 감정을 인지하고 해석하기	내적동기부여: 스스로 동기부여하기
패턴인식: 반복되는 패턴을 인식하기	낙관성발휘: 긍정적인 마인드 갖기(어려움은 오 지만 곧 사라진다는 마인드)
결과예측사고: 결과를 예측하고 말과 행동하기	공감활용: 상대방 입장 되어보기
감정처리: 감정을 다양하게 사용하기	목적추구: 지금보다 더 크고 고귀한 목표 갖기

페덱스에서 정서지능 훈련을 한 결과

페덱스 관리자들을 대상으로 정서지능 훈련을 실시했다. 참여자의 44%가 정서지능이 상당히 향상되었다(15~20% 향상). 정서지능 점수는 업무성과 점수와 아주 밀접하게 관련이 있었고, '성공점수' 변동치의 59%가 정서지능에 의해 결정되었다. 더 자세한 내용은 6sec.org/fedex를 참조하라.

정서지능이 학습이나 훈련으로 높아질 수 있을까?

이제까지 정서지능이 얼마나 중요한지, 얼마나 다양한 업무성과에 영향을 주는지 알아보았다. 그렇다면 어떻게 이 능력을 강화할 수 있을까? 학습이나 훈련으로 가능한 일일까?

우리는 전 세계 페덱스 익스프레스 관리자들을 상대로 여러 해 동안 정서지능 프로그램을 실시했다. 놀랍게도 참여자 중 무려 44%가 정서지능이 높아졌다(10~50%까지). 동시에 성공요소 변동치의 59%가 정서지능에 영향받았다.

페덱스 익스프레스의 최고다양성책임자CDO이자 인적자원 분야 수석 리더인 섀넌 브라운Shannon Brown은 이렇게 말했다. "페덱스 익스프레스는 늘 최첨단을 달리기 위해 전력투구합니다. 경영환경이 그 어느 때보다 훨씬 더 복잡해지면서, 우리에게는 이런저런 새로운 능력들이 더욱 필요해졌습니다. 우리는 지금 '식스세컨즈 정서지능 프로그램'을 활용해 정서지능에 접근하고 있고, 그것을 통해 조직문화를 유지하고 강화시키는 것은 물론 경쟁우위 확보에 꼭 필요한 전략자산을 구축하고 있습니다."

이탈리아의 선도적인 정보기술 엔지니어링 기업인 스빔서비스Svimservice와 공동으로 실시한 한 연구결과에 따르면, 경쟁이 치열한 기술 분야에서 일하는 전문가들을 위한 단기간의 훈련 프로그램으로도 정서지능 개발에 상당한 도움이 되었다. 단 이틀 간의 훈련을 마치고 나서 정서지능 점수가 눈에 띄게 오른 것이다.

정서지능을 개발하면 업무성과가 올라가고 조직풍토까지 바뀌기 때문에 고객과 투자자들이 느끼는 것도 달라진다. 오늘날 감성 브랜딩의 중요성은 점점 더 커지고 있다. 리더의 정서지능이 조직 내외부의 인식에 영향을 주고, 또 그 인식이 브랜드 가치와 주가에도 영향을 주기 때문에 정서적 측면의 리더십은 조직에서 가장 우선시해야 한다.

정서지능 훈련으로 큰 변화를 경험한 회사들 중 상당수는 아주 적은 투자로 그런 성과를 거두었다. 앞서 언급한 고마쓰 공장 프로젝트는 단 4일, 쉐라톤 스튜디오 시티 호텔은 24시간도 안 되는 정서지능 훈련이 전부였다. 그리고 미 공군 신병모집은 1만 달러 정도의 비용이 들어갔다. 다시 말해 조직이 구성원들의 정서지능을 높이는 것은 아주 손쉬운 일이고, 투자 대비 효과 또한 크다.

이제 문제는 어떻게 이러한 능력을 개발하느냐다. 정서지능 기술을 조직에 접목시키려면 리더에게 어떤 핵심역량이 필요할까? 또한 이렇게 중요한 경쟁우위를 확보하려면 구성원들은 어떤 능력들이 필요할까? 이런 능력이 대체 어떻게 조직의 핵심요소가 될 수 있을까?

2부에서는 정서지능을 실행에 옮기는 과정을 소개할 것이다. 일단 정서지능 기술을 실행에 옮겨 그게 어떻게 기능하는지를 확인하면, 그것을 조직에 훨씬 더 수월하게 접목시킬 수 있을 것이다.

▪ 핵심개념

리더가 감정을 다루는 방식은 직원들이 감정을 다루는 방식을 변화시키고, 그 결과 직원들이 일하는 방식까지 변화시킨다. 그리고 또 직원들이 감정을 다루는 방식은 고객들이 느끼는 방식을 변화시키며, 그 결과 고객들의 충성도까지 변화시킨다.

▪ 참고자료

《목적의 경제학The Purpose Economy》, 아론 허스트Aaron Hurst

《공감하는 인간》, 데브 팻나이크 지음, 주철범 옮김, 이상미디어, 2016.

《활력 조직The Vital Organization》, 마시밀리아노 지니Massimiliano Ghini, 조슈아 프리드먼Joshua Freedman.

▪ 핵심연습

감정적 메시지들이 회사의 여러 위치에 있는 직원들로부터 고객과 다른 이해당사자들에게 전달되는 '접점touch point'을 모니터링하라. 그리고 계속 이렇게 자문하라. "우리는 지금 어떤 감정 메시지들을 내보내고 있는가?"

Part 2.

두근거림을
다시 일과 삶으로

2부에서는 '식스세컨즈 정서지능 모델'을 소개한다.

식스세컨즈 정서지능 모델은 3단계로 구성되어 있는데,

각 단계의 개요를 살펴보고 하나하나를 자세히 들여다볼 것이다.

각 단계를 더 효율적으로 거치기 위해 특별히

강화해야 할 것이 무엇인지에 대해서도 설명할 것이다.

· 04 ·

알고, 선택하고, 주어라
— 123 KCG 정서지능 실행의 3단계

사람은 사물을 있는 그대로 보지 않고,
자기 위주로 본다.
—아나이스 닌Anais Nin

급한 불을 끄는 수준이나 수박 겉핥기식의 문제해결이 아니라,
나 자신과 주변 사람들을 위해 적절한 여건을 조성하고 더 나은
업무성과를 올리려면 어떻게 해야 할까? 그러려면 감정을 더 현명
하게 다루어야 한다. 정서지능은 생각과 감정을 잘 조화시켜 최상
의 결정을 내리게 해주는 능력이다. 어떻게 그것이 가능할까? 정
서지능을 높이고 훈련시켜주는 간단한 3단계 과정이 바로 '식스세
컨즈 정서지능 모델'이다. 이 3단계를 통해 당신은 감정을 자산처
럼 활용하고, 여러 사건과 상황의 본질을 더욱 명료하게 꿰뚫어보
게 된다.

정서지능이 높아지면 당신 자신과 다른 사람의 내면을 들여다볼 수 있는 통찰력이 생긴다. 사람은 아주 복잡하고 미묘한 존재라서 논리적으로 도저히 이해되지 않는 행동도 자주 한다. 하지만 그가 그런 행동을 할 때는 대개 그럴 만한 이유가 있고, 그 이유는 감정과 관련된 경우가 많다. '식스세컨즈 정서지능 모델'에서 우리는 '표면 아래에 숨겨진 것'이 중요하다는 것을 설명하기 위해 빙산을 자주 예로 든다. 행동은 빙산의 일각에 지나지 않지만, 우리는 행동에만 집중한다. 사실 중요한 것은 그러한 행동의 동인動因이 된 물 아래 숨겨진 감정들이다. 이것을 이해하는 것이 정서지능 모델이다.

수면 위로 삐죽 솟아오른 빙산을 상상해보라. 빙산은 거대하고 복잡하며 장엄하다. 그리고 당신은 수면 위에 솟아 있는 부분, 즉 빙산 전체의 1/11만 볼 뿐이다. 그리고 그 부분이 바로 누군가의 행동이다. 당신이 직장과 집에서 매일매일 보는 행동들 말이다.

그런데 그 행동들은 어디서 나왔을까? 무엇에 영향을 받아 그런 행동을 한 걸까? 그 '감추어진 동인'들은 수면 밑에 감춰진 빙산의 10/11이다. 아마 가장 중요한 부분일 것이다. 마찬가지로 1/11은 매일 겉으로 보이는 당신 자신이고, 10/11은 당신의 업무성과에 영향을 주는 숨겨진 동인이다.

수면 밑에는 많은 동인들, 그러니까 당신의 정신상태, 육체, 영

혼, 감정 등이 감춰져 있다. 남들도 마찬가지다. 당신 자신은 물론
이고 다른 사람들의 감춰진 동인들을 탐구하고 이해하는 데 도움
을 주는 것이 바로 정서지능이다. 그리고 이 동인들을 제대로 이
해하면, 감정을 더 전략적으로 활용해 최상의 결과를 만들 수 있
다. 당신의 리더십은 물론 삶 자체도 변화할 것이다.

수년 전 한 금융 서비스 회사의 인사부서 책임자가 우리의 정서
지능 훈련에 참여한 적이 있었다. 그녀의 이름은 아사나Asana. 아주

성공적인 삶을 살고 있는 워킹맘이었다. 부부는 둘 다 교양 있는 경영인으로 늘 바빴지만 그녀는 아주 좋은 엄마였고, 당시 10대였던 외동딸 역시 이미 성공은 떼어 놓은 당상이었다.

훈련기간 중에 그녀는 수면 밑으로 다이빙해 자신을 움직이는 동인들을 살펴보았다. 그녀는 딸과의 관계에 대해, 그리고 또 자신이 딸에게 남겨줄 유산에 대해 깊이 생각해보았다. 4일째 되던 날 그녀는 내게 와서 눈물을 쏟으며 이렇게 이야기했다.

"오늘 아침, 제 기억으로는 처음 딸아이와 마음을 터놓고 대화했어요. 한참 얘기를 하다가, 어렸을 때 이후 처음으로 그 애가 저에게 사랑한다는 말을 하더군요."

그날 이후로 아사나의 삶은 크게 바뀌었고, 그녀의 리더십에도 영향을 주었던 것 같다. 눈가리개를 벗은 것처럼, 감춰져 있던 빙산의 10/11, 그러니까 마음을 본 것이다.

정서지능을 더 깊이 이해할수록 수면 밑으로 다이빙해 거대하고 복잡한 빙산 전체의 모습을 보는 일에 점점 더 능숙해진다. 당신이 호기심을 갖고(좀 더 잘 알고 싶다는 희망과 경외심을 갖고) 당신 자신과 다른 사람들을 자세히 들여다본다면 이제껏 알지 못했던 많은 사실들을 알게 될 것이다. 그리고 그것이 당신 자신에게 얼마나 큰 도움이 되는지 깨닫고 놀랄 것이다.

'절대 가라앉지 않는 배'로 불린 타이타닉호의 키를 잡았던 사람들을 생각해보자. 그들은 수면 위에 떠 있는 빙산의 1/11만 보고 그대로 앞으로 나아갔다. 그리고 결국 수면 아래 숨어 있던 빙산의 10/11 때문에 엄청난 비극을 맞았다

정서지능의 유래

1995년경 대니얼 골먼 박사의 베스트셀러 《감성지능》이 출간되면서 '감성지능'이란 용어가 세상에 나왔다. 그 책에서 골먼 박사는 자기인식, 자기훈련, 공감 같은 요소들이 개인적 성공과 직업적 성공에 결정적인 영향을 준다는 강력한 사례를 소개했다. 또한 정서지능이 구체적으로 무엇인지를 규명하고 측정한 수많은 과학자와 연구자들의 노력도 소개했다. 그 후로 정서지능 전문가들의 전 세계적인 커뮤니티도 생겨났고, 수많은 컨설턴트와 연구원, 트레이너, 코치 등이 사회 각 분야에서 정서지능 훈련을 담당했다.

그 후 혁신기업들도 정서지능 개념을 비즈니스에 접목시키기 시작했고, 전 세계의 학교, 병원, 정부기관들 역시 정서지능을 도입했다. 공교육과정에도 포함되면서 초등학생부터 군장교, 판매원, 호텔 직원에 이르는 많은 사람들이 정서지능을 배우고 인간에

대한 새로운 관점을 갖게 되었다. 골먼 박사에 따르면, 이 모든 것이 1987년의 어느 여름 날 두 심리학 교수에 의해 시작됐다고 한다. 골먼 박사는 이렇게 말했다.

"존 메이어John Mayer와 피터 샐러비가 집에 페인트칠을 하면서 여담 삼아 정치 얘기를 하다가 이 모든 걸 만들어냈죠."

당시 샐러비(현재 예일대학교 총장)와 메이어(현재 뉴햄프셔대학교 심리학 교수)는 인지와 감정에 대한 자신들의 연구에 대해 얘기하다 곧이어 한 정치인에 대해 얘기를 나누었다. 그들은 "어째서 그렇게 똑똑한 사람이 그렇게 어리석은 행동을 했을까?" 하는 의문을 품었고, 결국 "현명한 결정을 내리려면 전통적인 지능 이외의 뭔가가 더 필요하다."는 결론에 도달했다.

정서지능이란 이런저런 감정을 인지하고, 감정에 접근하거나 감정을 만들어 생각을 돕고, 감정 및 감정 관련 지식을 이해하고, 감정을 조절해 감정 및 지적 성장을 촉진시킬 수 있는 능력이다.

－메이어&샐러비, 1997년.

골먼은 말을 이었다. "그 대화 덕분에 두 사람은 유명한 논문을 발표하게 됩니다. 그 논문에서 정서지능이란 개념을 처음 본 순간

제 머릿속에서 수백 개의 종이 울리는 듯했습니다. 그리고 '아, 이 것에 대한 책을 써야겠다!'고 생각했죠."

그의 책은 30개국 언어로 번역되어 500만 부 이상 팔렸으니, 골먼의 말이 옳았다. 세상은 이미 정서지능이란 놀라운 개념을 배울 준비가 돼 있었던 것이다. 골먼 외에 많은 연구자들과 사상가들이 정서지능이란 개념을 발전시키는 데 기여했다. 루벤 바온 박사는 1980년대 말에 감정이 업무성과에 미치는 영향을 연구했고 자신의 박사학위 논문에서 '정서지능'이라는 용어를 직접 사용했다. 그 후로 세계 각지에서 많은 연구자들이 정서지능의 정의를 규명하고 있고, 또 많은 전문가들이 정서지능을 실행에 옮기는 데 필요한 각종 모델들을 개발하고 있다.

한편, 샐러비와 메이어는 1997년에 자신들이 내린 정서지능의 정의를 업데이트해, 각종 감정들을 인식하고 활용하는 정서지능 능력을 사고능력의 한 부분으로 보았다. 초점을 좀 더 분명하게 맞춘 것이다.

그리고 1997년, 일단의 교육자들이 정서지능에 대해 토론하기 위해 캘리포니아 주 샌 마티오에 모였다. 골먼 박사는 우리의 교육과정 중 하나인 '자기과학Self-Science'이 정서지능을 가르치기 위한 두 모델 중 하나라며 이렇게 밝혔다. "자기과학은 전 세계 학교로 퍼져나가고 있는 새로운 개념의 선구적 교육이다."

'자기과학' 프로그램을 창시한 캐런 맥카운은 30년간 이 기술을 가르쳐왔고, 정서개발과 학습능력개발이 똑같다는 전제 하에 전 세계적으로 유명한 학교를 설립하기도 했다. 애너벨 젠슨은 14년 간 그 학교의 실무 책임자였고, 마샤 라이드아웃과 나는 그 학교에서 교사로 일했다.

우리는 샐러비와 메이어의 책들, 골먼의 모델들, 그리고 그와 관련된 과학계와 교육계의 여러 이론들을 면밀히 살펴보았다. 뇌과학자 안토니오 다마지오는 감정을 의사결정의 중심 요소로 보고 연구했고, 신경과학자 조셉 E. 르두Joseph E. LeDoux는 감정반응들에 대해 연구했다. 신경과학자 캔더스 퍼트Candace Pert는 감정의 신경생물학적 측면을 연구했다. 우리는 이 모든 광범위한 연구결과들을 꼼꼼히 살펴보며 간단한 모델로 만들 방법을 연구했다. 더 많은 사람들이 더 큰 충만함과 일체감, 건강, 번영, 목적을 찾아내고, 리더십과 삶을 바꾸도록 도우려면 정서지능을 어떻게 활용할 것인가? 우리는 그 방법을 알아내는 데 집중했다.

이 모든 것을 실현시켜 줄 간단하면서도 강력하고 명료한 모델을 만들기 위해 여러 해를 보냈다. 그리고 결국 3단계의 과정을 찾아냈다. 정서지능을 리더십과 삶에 적용하는 길을 찾아낸 것이다.

식스세컨즈 정서지능 모델

정서지능을 활용하는 데 도움이 될 식스세컨즈 정서지능 모델은 다음의 3단계로 이루어진다.

1. 자기인식 – 자신을 알라 Know yourself.
자기인식능력이 높아져 각종 패턴과 감정들을 알아볼 수 있으면, 무엇이 당신을 움직이는지, 또한 발전을 위한 첫걸음이 무언지를 알 수 있다.

2. 자기경영 – 스스로 선택하라 Choose yourself.
주인의식과 의도를 갖고 반응할 수 있다면, 의식적으로 당신의 생각, 감정, 행동을 지배할 수 있다. 하지만 그렇게 되지 않으면 무의식적으로 반응하게 된다.

3. 더 큰 목적 – 자신을 주어라 Give yourself.
일상생활에서 더 큰 목적과 의미를 갖고 선택을 조정할 수 있다면, 당신 자신의 힘과 잠재력을 최대한 발휘할 수 있다.

이 모델은 다음에 나오는 그림에 있다. 이 3단계가 주기적으로 움직이기 때문에, 이 모델은 원형으로 나타난다. 배를 움직이는 프로펠러처럼, 이 모델 역시 돌고 돌아야 한다. 그러니까 당신이 알고 선택하고 주고, 알고 선택하고 주고, 알고 선택하고 주고… 를 반복하면서 작동하는 모델이다. 이 '정서지능 프로펠러'를 돌리다 보면 최선의 결정을 내릴 수 있는 힘과 통찰력이 생긴다.

당신은 지금 구성원들에게 잘못된 감정 메시지들을 보내고 있지는 않은가? 그것 때문에 구성원들과 고객들은 불편한 감정을 느끼는 것 아닌가? 그런 상황에서 어떻게 조직에 변화의 바람을 일으킬 것인지 상상해보라.

- 'Know yourself 자신을 알라.'와 관련된 능력은 '무엇을What' 변화시켜야 하는지를 아는 데 도움을 준다.
- 'Choose yourself 스스로 선택하라.'와 관련된 툴들은 '어떻게 How' 변화시키는지를 알려주어 변화를 실행에 옮기게 해준다.
- 'Give yourself 자신을 주어라.'와 관련된 요소들은 당신과 직원들에게 '왜Why' 이런 변화가 중요한지 상기시켜준다.

얼핏 '자신을 주어라'가 '부드러워' 보일 수도 있지만, 이는 '식스세컨즈 정서지능 모델'을 변혁적인 모델로 만들어주는 가장 중요한 특징이다. 당신의 평상시 행동들을 내면 깊숙한 곳에 자리 잡

Know yourself – 자기인식 늘리기
Choose yourself – 의도대로 행동하기
Give yourself – 목적에 맞게 정렬하기

식스세컨즈 정서지능 모델
식스세컨즈 정서지능 모델은 3가지 행동단계로 이루어진다.

은 목적과 연결시킬 때, 당신은 최선의 결정을 내릴 수 있고 자제력을 기를 수 있다. 또한 가장 효율적으로 다른 사람들의 몰입과 헌신을 이끌어낼 수 있다. 매일 당신 스스로가 최선을 다한다는 생각을 해야 한다.

그런데 자신을 '알고 선택하고 주는' 경지에 도달하려면 어떻게 해야 할까? 구체적으로 어떤 기술들이 필요할까? 우리는 연구를 통해 8가지 기본적인 능력들을 찾아냈다. 그리고 그 능력들은 오른쪽 그림에 나온다.

'식스세컨즈 정서지능 모델'의 기본적인 8가지 능력은 정서지능을 행동에 옮기는 데 반드시 필요한 능력들이다. '식스세컨즈 정서지능 평가(부록 참조)'를 통해 체크해볼 수 있다. 각각의 능력은 리더로서나 개인으로서나 중요한 가치를 갖는다. 그 능력들을 확보하면 다른 사람들에게 좋은 영향력을 미치고 헌신을 끌어내며, 매사에 제대로 된 결정을 하고, 중요한 목적 혹은 의도에 따르는 삶을 살 수 있다.

'식스세컨즈 정서지능 모델'의 3단계에는 학습과 훈련이 가능한 구체적인 능력 8가지가 들어 있다. 이 능력들은 우리가 추구하는 것을 손에 넣게 해주는 '근육'과 같다. 오른쪽 그림에서 색깔이 중요한데, 파란색은 심사숙고, 빨간색은 잠시 멈춤, 초록색은 출발이다. 앞으로 이 8가지 능력을 자주 이야기할 것이다. 그러면서 왜 이 능력들이 중요한지, 또 이 능력들을 제대로 활용하려면 어떻게 해야 하는지를 자세히 설명할 것이다.

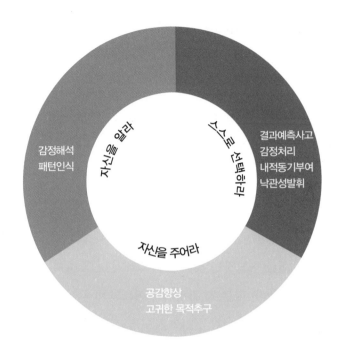

식스세컨즈 정서지능 모델의 8가지 기본능력

식스세컨즈 정서지능 모델 실행에 옮기기

식스세컨즈 정서지능 모델을 어떻게 실행으로 옮길 수 있을까? 사례를 하나 소개한다. 언젠가 우리 팀은 전략적 계획을 수립하고 있었는데, 동료 A가 정서지능 모델에 중대한 변화를 주어보자고 제안했다. 정서지능 모델은 내가 개발한 것으로 나름 성공적인 모델이라고 생각하던 차였다. 나는 약간 불쾌했고 저항감이 생겨 정서지능 3단계를 즉시 실행했다.

· Know yourself 자신을 알라 : 처음에 나는 그 제안이 잘못된 제안이라고 생각했고, 그러다 내가 감정이 조금 상해 방어적인 자세를 취하고 있다는 걸 깨달았다.

· Choose yourself 스스로 선택하라 : 내 단기적인 목표는 마음을 열고 대화를 해보자는 것이었다. 그래서 A의 말에 즉각 반응하는 걸 중단했다. 나는 왜 감정이 상했는지 마음속을 좀 더 자세히 들여다보았다. 그 결과 우리의 논의주제가 내게 그만큼 중요한 것이었기 때문에 내 감정이 상했다는 것을 깨달았다. 내가 선택할 수 있는 옵션은 많았다. 방어적인 자세를 취하거나, 한걸음 물러서거나, 내가 제안한 가정들을 다시 생각해보거나, 실험을 해보거나, 걱정스러운 점을 지적하거나, 아니면 A의 제안을 위험천만한 모험으로 치부해버릴 수도 있었다.

· Give yourself 자신을 주어라 : 그러다 다른 사람들의 감정에 대해 깊이 생각하면서, 나는 그들이 단지 우리 조직에 대해 걱정할 뿐 개인적으로 공격할 의사는 없다는 걸 알게 됐다. 그리고 나

는 내 진정한 목표에 대해 다시 생각했고, 우리 모두가 그 목표를 위해 이런저런 방법을 찾고 있는 중이라는 사실을 깨달았다. 그래서 바로 허심탄회한 대화에 뛰어들 수 있었다.

앞으로 여러 사례를 통해 '식스세컨즈 정서지능 모델'의 3단계와 8가지 능력이 리더십의 여러 측면에서 어떻게 작동되는지를 보여줄 것이다. 그 전에 먼저 당신이 '식스세컨즈 정서지능 모델'을 테스트해보고, 이런 접근법이 진짜 변화를 가져올 수 있을지 확인해보길 바란다.

직장에서 혹은 일상에서, 당신이 지금 어떤 문제상황에 직면해 있다고 치자. 지혜를 총동원해서 중요한 결정을 내려야 하는 순간이다. 동료와의 문제일 수도 있고, 진행 중인 프로젝트의 문제일 수도 있다. 조직이나 삶에 큰 변화를 가져올 문제일 수도 있고, 어떤 중요한 기회에 관한 문제일 수도 있다. 정서지능 모델을 적용하는 연습을 해볼 것이다. 그 어떤 결정에도 적용할 수 있고, 그리 대단하지 않은 문제에 적용해봐도 된다.

30초 동안 현재 직면한 문제들을 간단히 적어보라.

(예시)
회사동료와 업무상담을 했다. 본래 의도는 어려운 점을
들어주고 문제를 해결하려고 했지만, 뜻하지 않게
질타하는 시간이 되어버려서 서로 불편한 자리가 돼버렸다.

이제 '식스세컨즈 정서지능 모델'을 적용해보자.

1. Know yourself 자신을 알라. 지금 어떤 느낌인가?

사람은 늘 한 가지 이상의 감정을 갖고 있지만, 그걸 깨닫는 게 어려울 수도 있다. 상황에 집중하고, 몸의 반응을 살펴보면 감정을 느끼는 데 도움이 될 수도 있다. 몸의 어느 부위가 긴장되는가? 목이나 어깨, 뱃속은 편안한가? 이제 지금 느껴지는 몇 가지 감정들을 적어보라. 다음 페이지에 가장 기본적인 감정들을 나열해놓았다. 그 기본적인 감정들보다 더 약하거나 강한 감정들도 있으니 그것을 참고해서 적어보는 것도 좋다.

---

1. 현재 상황에 대한 당신의 감정은 어떤가?
(2~3가지 이상 적어보자. 서로 모순된 감정을 느끼는 경우도 많다.)

(예시)
답답하고 막막했다.
어디서부터 해결해야 할지 짜증 나기 시작했다.
그럴 필요까지는 없었지만, 화가 나기 시작했다.

---

2. Choose yourself 스스로 선택하라. 당신이 선택할 수 있는 옵션들은 무엇인가?

당신이 어떤 반응을 보이는 중에는(예를 들어 싸우려 한다거나 괴로워할 때) 다른 선택지를 떠올리는 것조차 어려울 수 있다. 만일 그런 상태라면 모든 걸 멈추고 찬물을 한 잔 마신 뒤 잠시 휴식을 취하라. 그런 다음 결과예측사고, 감정처리, 내적동기부여, 낙관성발휘 등에 해당하는 기술들을 활용하면, 당신이 생각하고 느끼고 선택할 수 있는 옵션을 3가지 이상 찾아낼 수 있다. 당신 자신이 단기적으로 이루고 싶은 일이 무언지를 생각하면서, 지금 당장 어떤 결과들을 얻고 싶은지 결정하라.

---

2. 무의식적인 반응에서 벗어날 수 있는 선택지를 3가지 이상 찾아보라.

(예시)
반응이 너무 빨랐다. 그의 말과 행동에 천천히 대응했어야 했다. 그의 의도를 다시 생각했어야 했다(그는 도움이 필요했을 뿐이다.) 그가 보여줬던 헌신을 잊지 말았어야 했다. 화를 낼 일은 전혀 아니었다.

-

-

-

감정	약한 감정	강한 감정
화	분노	짜증
기대	관심	각성
기쁨	평온	황홀
신뢰	수용	존경
두려움	불안	공포
놀람	혼란	경악
슬픔	수심	비탄
역겨움	지루함	혐오

감정에 이름 붙이기
8가지 기본적인 감정과 그 강도가 더 약하거나 강한 감정들을 가리키는 말들은 다음과 같다.
'기본적인' 감정의 목록에 대해서는 다른 이론도 많다. 이 모델은 주로 감정의 생리학적 측면(몸속에서 어떻게 반응하는지)에 초점을 맞춘 로버트 플러칙Robert Plutchik이 만든 것이다. 좀 더 자세히 알고 싶다면 5장을 참조하라.

만약 여러 옵션을 찾아내는 게 어렵다면, 재미있는 텔레비전 프로그램을 시청하거나, 친한 친구와 대화를 하거나, 아니면 잠시 산책을 하며 기분전환을 해보라. 스트레스, 좌절감, 두려움에 빠져 있거나 마음의 상처를 입었을 땐 '이것 외에 다른 길은 없다.'는 생각에 빠지기 쉽다. 이럴 경우 '에스컬레이션 사이클'을 깨는 것(6장 참조)이 기계적인 반응에서 벗어나 혁신적인 사고를 하는 데 도움이 된다.

3. Give yourself 자신을 주어라. 당신은 진정 무엇을 원하는가?

공감은 다른 사람들의 감정에 대한 일종의 감정적 반응이다. 당신 주변의 사람들이 지금 어떤 생각, 어떤 감정을 갖고 있는가? 스스로 마음의 문을 열어 약점까지 드러낼 때, 당신은 어떤 기분이 드는가? 공감은 기본적으로 논리적이거나 분석적인 것이 아니다. 다른 사람의 경험과 관점을 그냥 있는 그대로 받아들이는 것이다. 또한 공감한다는 것은 당신의 선택이 사람들에게 기분 좋게 받아들여져야 한다는 뜻도 아니다. 당신이 다른 사람의 감정을 그대로 경험하면서 그 감정을 중요하게 생각한다는 뜻이다.

공감이 '자신을 주어라'의 일부인 이유는 그렇게 할 때 비로소 진정 '섬기는 리더'가 될 수 있기 때문이다. 그러니까 당신 자신을 내줄 때에만 비로소 다른 사람의 감정들을 있는 그대로 받아들일 수 있다는 것이다.

간혹 이기적인 목적을 갖고 공감하려고 애쓰는 사람이 있는데 그렇게 해서는 아무것도 얻지 못한다. 오히려 반대로 당신이 누군가가 최선을 다하고 있다는 걸 인정하고, 그를 돕기 위해 애쓰고, 또 그에게 진심으로 당신 자신을 내준다면, 당신은 깊은 통찰력과 이해력, 타인에 대한 영향력을 갖게 될 것이다.

자 이제, 당신 자신의 진정한 목적을 되돌아보라. 당신은 왜 이 세상에 있는가? 당신이 남길 유산은 무엇인가? 우리는 이를 7장에서 좀 더 자세히 살펴볼 것이다. 그러면 당신은 왜 이런 것이 뛰어난 리더의 특징인지 알게 될 것이다. 지금 당신 앞에는 여러 옵션이 있다. 그중 어떤 것이 당신의 '고귀한 목적추구noble goal'를 뒷받침해주고, 또 다른 사람들로 하여금 최선을 다할 수 있게 도와주는가?

---

3. 어떤 옵션을 선택해야 당신 자신의 목적에도 부합되고 다른 사람에게도 가장 잘 통할까?

(예시)
내가 던진 말에 그가 다시 받았을 상처를 생각하니 가슴 아프다. 함께하는 과정이 어렵지만 이번 기회를 타산지석으로 삼고 반복하지 말자.

이렇게 3단계를 통해 상황을 면밀히 살펴보았다. 올바른 방향을 잡는 데 도움이 됐는가? 3단계를 다 거쳤다면, 이제 힘과 용기, 공감하는 마음이 생겼을 것이다. 당신의 결정을 더 잘 전달할 수 있게 되었다.

당신이 변화시킬 수 있는 사람은 당신 자신뿐

'식스세컨즈 정서지능 모델'을 배우면서, 사람들은 KCG, 즉 Know, Choose, Give가 전부 '자신yourself'에 대한 것이라는 걸 알고는 이렇게 묻는다.

"어째서 전부 '자신'에 대한 것들뿐이죠? 다른 사람들에 대한 것들은요?"

여기에는 전제가 하나 있다. '당신이 제대로 변화시킬 수 있는 사람은 당신 자신뿐'이라는 것이다. 당신은 일종의 툴이자 지렛대다. 그래서 다른 사람들을 변화시키고 싶다거나, 그들이 특정한 방식으로 느끼고 행동하길 바란다면, 먼저 당신 자신이 느끼고 생각하고 행동하는 방식을 바꿔야 한다. 앞에서 강조했듯이 감정은 전염성이 강하다. 그래서 리더인 당신이 어떤 감정을 불러일으키면, 그게 바로 당신 팀의 감정이 된다. 결국 그 감정이 팀원들의 업무성과에 영향을 준다.

방금 한 '식스세컨즈 정서지능 모델' 실천하기 연습에서 면밀히 살펴본 상황이 다른 사람들과 관련된 것이었다면, 특히 세 번째 단계에서 그들에 대해 많은 생각을 했을 것이다. 그러나 '식스세컨즈 정서지능 모델'은 그보다 좀 더 깊이 들어간다. 이 모델의 모든 단계는 당신에 대한 것, 그러니까 다른 사람과의 관계 속에 있는 당신에 대한 것이다.

먼저 자신의 감정과 반응에 대해 제대로 알아야 한다. 그래야만 남의 감정도 알 수 있다. 사람의 '인식'은 감정과 반응에 영향받는데, 자신의 감정과 반응에 대해 제대로 알지 못하면 타인에 대해서도 제대로 알 수 없다. 당신이 선택할 수 있는 여러 옵션과 그 결과에 대해 면밀히 살펴보다 보면, 당신은 당신이 다른 사람들에게 미치는 영향력을 측정할 수 있다. 그러니까 당신의 선택이 세상에 어떤 영향을 주는지도 알 수 있다는 뜻이다. 또한 다른 사람과 공감하고 당신의 '고귀한 목표추구'에 연결하라는 말은, 세상과 균형을 잘 맞추라는 뜻이다. 당신의 영향력을 제대로 발휘하라는 요청이기도 하다.

'식스세컨즈 정서지능 모델'을 효율적으로 적용할 경우, 당신은 당신 자신은 물론 다른 사람들까지 잘 돌보게 된다. 우리의 목표는 우리 자신과 다른 사람들의 관계를 '최적화'하는 것이다. 좀 더 관심을 갖고 감정을 잘 돌본다면 엄청난 변화를 경험하게 될 것이다.

- **핵심개념**

'식스세컨즈 EQ 모델'을 통해 당신은 다음과 같은 3가지 단계를 거쳐 정서지능을 실천에 옮기게 된다. 자신을 알라(인식하라), 스스로 선택하라(당신의 감정, 생각, 행동을 관리하라), 자신을 주어라(다른 사람들과 연결하고 목적에 연결하라). 당신이 이 모델을 프로펠러처럼 돌릴 때, 그러니까 되풀이하는 사이클 내에서 여러 단계들을 거쳐 순환시킬 때 그 효력이 발휘된다.

- **참고자료**

《정서지능 훈련The EQ Gym》, 조슈아 프리드먼Joshua Freedman, 나탈리 로이트먼Natalie Roitman.
《정서지능 뒤집기EQ from the Inside Out》, 그랜빌 드수자 Granville D'Souza.

- **핵심연습**

123 KCG. 당신 자신에게 다음과 같은 3가지 질문을 계속하라. 나는 지금 어떤 감정인가? 내겐 어떤 옵션이 있는가? 내가 진정 원하는 건 무엇인가? 사이클 내에서 이를 계속 되풀이하며 복잡한 상황을 관리하라.

· 05 ·

감정에는 지혜가 있다

-자신을 알라 Know yourself

타인에 대한 감정은 대개 자신의 감정에 의해 결정된다.
정말 많은 사람들이 이러한 사실을 깨닫지 못한 채 세상을 살아간다는 건,
정말 놀라운 일이 아닐 수 없다.
―시드니 J. 해리스Sydney J. Harris

생물학적 차원에서 감정이 어떻게 작동하는지를 이해하면, 좀 더 수준 높은 자기통제가 가능해진다. 앞서 나는 기본적인 두 감정인 두려움과 분노에 대해 얘기하면서, 이 두 감정을 통제하는 '원칙'을 설명했다. 정서지능은 여러 감정을 실제로 경험해보고, 감정에 대한 이론을 탐구하는 과정에서 높아질 수 있다. 감정에 대해 생각해보고, 느껴봐야 더 잘 알 수 있다는 말이다.

우리 프로그램에서 만난 스튜어트Stewart 얘기를 해보겠다. 그는 여러 회사를 운영하는, 매우 성공한 재무 부사장이었다. 놀랍도록 똑똑하고 유머감각도 뛰어났다. 보통 사람들과 마찬가지로 그역시 '감정은 나쁜 것'이라고 교육받으며 자라왔다. 어떤 감정이든

감정은 다 나쁜 것이라는 생각이 뿌리박힌 것이다. 사랑과 기쁨 같은 감정은 가치 있는 것이라고 생각했지만, 두려움과 분노 같은 감정에 대해서는 여전히 거리감을 느끼고 있었다. 언젠가 그는 내 게 이런 말을 했다. "두려움 얘기를 하시는데, 솔직히 저는 그게 뭔지 잘 모르겠습니다. 머리로는 이해가 되는데, 실제로 느낄 수 가 없어서요." 머리로는 알고 있지만 정작 두려움이 어떤 느낌인 지 기억조차 할 수 없다는 말에 나는 조금 놀랐다.

스튜어트는 그게 단순한 두려움이 아니라는 걸 깨달았다. 그는 자신의 감정과 단절돼 있었고, 그래서 자신이 진정으로 원했던 모 습과는 거리가 먼 삶을 살고 있었다. 그는 큰 성공을 경험했지만, 그러한 삶이 뭔가 불완전하다는 걸 알게 됐다. 자녀들에게 그런 삶을 물려주고 싶지 않았다. 물론 지금까지는 큰 성공을 거두었지 만, 그 성공이 얼마나 더 오래 지속될지도 자신이 없었다. 지금까 지 해온 방식으로는 점점 더 커지고 복잡해지는 비즈니스를 제대 로 성장시킬 수 없다는 걸 깨달았기 때문이다.

그는 여러 해 동안 스스로의 감정을 차단한 채 살아왔고, 다른 사람들과 소통하거나 공감하는 것이 점점 어려워졌다. 그러면서 삶의 질 또한 점점 낮아졌다. 흔히 빠지는 악순환이었다. 우리는 너 나 할 것 없이 감정(특히 두려움, 분노, 슬픔, 후회 같은 '부정적인' 감정)은 나쁜 것이라고 배웠으니 말이다. 그러나 신경생물학적 관

:감정해석

감정은 누구나 가졌고, 인간의 복잡한 여러 측면 중 하나다. 정서지능이 높은 사람은 모든 감정을 분류하고 각각에 이름을 붙이며, 감정의 원인과 결과를 이해할 수 있다. 감정은 정서지능을 이루는 기본적인 구성요소다.

정서지능이 높은 리더는 자신과 다른 사람들에 대한 중요한 데이터를 얻고, 직관력도 높다. 또한 감정에서 비롯되는 반응을 잘 조절한다. 반대로 정서지능이 낮으면 감정에 휘둘려 잘못된 길로 빠지고, 혼란에 빠져 판단력이 흐려진다. 커뮤니케이션에 문제가 생기고, 다른 사람들의 반응에 자주 놀라며, 자기 자신은 물론 다른 사람들의 반응도 잘못 해석하는 경우가 많다.

점에서 봤을 때, 이 모든 감정들은 우리 뇌를 움직이는 데 꼭 필요한 것들이다. 감정은 더 좋은 아이디어를 끌어내고, 무엇이 옳고 그른지 구분하게 해주며, 옳은 방향으로 관심을 이끌어주고, 우리로 하여금 제대로 된 결정을 내리게 도와준다.

감정은 '화학물질'이다

신경생물학적 관점에서 보자면 '감정'은 '화학물질'이다. 독특한 구조를 가진 일련의 펩타이드 단백질로부터 생성되는 신경전달물질인 '신경펩티드'라는 말이다. 호르몬과 마찬가지로 감정분자들은 우리의 뇌와 몸 속을 흐르면서 각종 메시지를 전달해 우리의 육체와 정신의 여러 측면에 영향을 준다.

지금 이 순간, 당신의 뇌에서 감정분자들을 제조하는 부위가 바로 해마다. 근처에서는 시상이 당신 뇌 속에 흘러 다니는 그 화학신호들을 통제한다. 다른 감각정보가 들어올 경우 시상이 그걸 통제하며 그 데이터를 가지고 다른 신경펩티드를 분비시킨다.

한편 이러한 화학물질의 조합은 우리의 인식에 영향을 준다. 해마는 우리가 어디에 관심을 기울이고, 또 무엇을 유심히 봐야 하

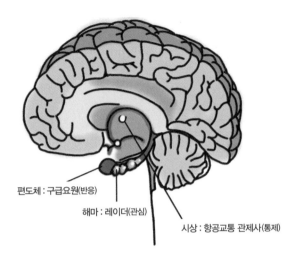

대뇌변연계
레이더(해마)는 데이터를 모아오고, 관제사(시상)는 데이터의 흐름을 통제하며, 구급요원(편도체)은 위협이 있을 때 행동에 나선다.

편도체 : 구급요원(반응)

해마 : 레이더(관심)

시상 : 항공교통 관제사(통제)

는지 결정한다. 그렇게 우리는 감정분자로부터 자극을 받아 내적, 외적 환경의 여러 부분에 관여하게 된다. 그러다 새로운 감각정보가 들어오면, 다시 시상이 뇌에 신호를 보내며 이런저런 지시를 내린다.

쉽게 말해 우리가 어떤 감정을 가지면, 이런저런 것들을 인지하고, 우리가 인지한 것들이 다시 우리의 감정을 강화시킨다는 것이다. 이는 주로 생존에 초점이 맞추어진 시스템이다. 뇌는 이러한 시스템을 통해 위험에 대처하고 안전을 도모한다. 또한 '감정−사고-인식' 시스템은 즐거운 감정에도 관여하며, 그 덕분에 우리는 삶을 유지하고 자손을 번식시켜왔다.

뇌 속은 놀랍도록 복잡하다. 각종 화학물질과 전기신호가 쉴 새 없이 돌아가는 시스템이다. 게다가 우리의 뇌는 비선형적이며 끊임없이 변화하는데, 뇌세포 자체가 변화할 뿐만 아니라 뇌세포들 사이의 연결 역시 계속 변화하며 복잡한 3차원 거미줄 구조 속에 새로운 길을 만들어낸다.

한손을 들어 올려 살펴보라. 뇌세포의 모델을 볼 수 있다. 손바닥은 세포체, 팔은 축색돌기, 손가락은 수상돌기다. 다른 손을 들어 올려 손가락들이 서로 거의 닿도록 움직여보라. 이때 손가락들 사이의 공간이 시냅스, 즉 신경접합부다. 이제 그런 손가락 수백만 개가 서로 연결돼 있다고 상상해보라. 인간의 뇌 속에는 1E14~1E800개(0이 14개가 붙는 수에서 800개가 붙는 수까지)의 시냅스가 있다.

우리가 '생각'이라고 부르는 신호와 '감정'이라고 부르는 신호는 모두 뇌 속에서 한데 뒤섞인다. 그리고 전기화학 신호들이 시냅스들, 즉 전하(강도에 차이가 있는)와 화학물질 분자들 사이를 흐른다. 이 분자들은 열쇠처럼 각기 독특한 모양과 구조를 띠고 있다.

뇌 세포를 비롯한 우리 몸의 모든 세포에는 수용영역들(화학열

쇠로 열 수 있는 자물쇠들)이 있다. '열쇠'에 해당하는 화학적 메시지들은 우리의 체액을 타고 온 몸을 돌아다니면서 자신이 열 수 있는 '자물쇠'를 찾아낸다. 열쇠가 자물쇠에 꼭 맞을 경우 해당 세포는 자극을 받아 특정한 반응을 일으키고, 그 결과 더 많은 화학물질들이 만들어지면서 또 다른 반응들로 이어진다. 그래서 결국 우리의 모든 생각과 감정은 이와 같은 뇌-몸 네트워크를 통해 번개처럼 빠르게 전달되는 '전기화학 물질의 흐름'이다.

예를 들어 우리가 뭔가를 배울 때마다 뇌-몸 네트워크의 구조는 변화된다. 뇌세포에 달린 수상돌기들이 여러 가지 패턴으로 '네트워크 노드'를 만들어 서로 연결된다. 게다가 우리가 어떤 수용체를 더 많이 사용하느냐에 따라 수용영역들도 변화한다. 세포 차원에서 보자면, 우리는 우리 뇌를 사용함으로써 뇌세포를 변화시키는 것이다.

무언가 새로운 것을 배우려면 '반복'을 해야 한다. 뇌세포 역시 마찬가지다. 장시간에 걸친 반복으로 세포 간의 연결구조를 변화시키고, 그렇게 맞춰가며 점점 더 효율을 높이는 것이다. 세포들은 우리의 열망이 아니라 습관에 맞게 변화된다. 그렇게 우리의 뇌-몸 네트워크는 우리가 더 자주 생각하고 느끼고 행동하는 것에 맞춰지고 최적화된다.

이처럼 복잡하고 우아한 시스템은 수천 년간 이리저리 다듬어져왔다. 덕분에 우리는 세상을 헤쳐 나가는 데 필요한 미묘한 단서들을 풍부하게 갖게 됐다. 누구를 믿을 것인지, 누구를 존경할 것인지, 누구를 피할 것인지, 누구를 사랑할 것인지 등, 다른 사람들과 관련된 것도 있고, 무엇이 도덕적인지, 무엇이 합리적인지, 무엇을 지켜야 하는지, 무엇이 자신의 성장에 도움이 되는지 등, 우리 자신에 대한 것도 있다.

그런데 감정 메시지는 아주 복잡하고 미묘해서 나를 포함해 많은 사람들이 그 의미를 제대로 이해하지 못할 때가 많다. 감정은 단순히 이런저런 신호를 전달하는 것으로 끝나지 않는다. 그보다는 거의 육체적인 감각(밀기, 끌어당기기, 따뜻함, 차가움, 웅성거림 등)으로 다가와, 우리에게 세상과 어떻게 상호작용해야 하는지 알려준다.

감정이 전하는 메시지 해독하기

우리는 이처럼 복잡하고 미묘하며 끝없이 변화하는 시스템(마치 정보기술 부서처럼)을 갖고 있는데, 그렇다면 이 시스템에 대한 '사용설명서'는 어디에 있는 걸까? 우리는 대체 어떻게 감정 메시지

해독법을 배워야 할까?

'리터러시literacy'라는 단어는 글을 읽고 쓸 줄 아는 능력, 즉 '문자이해력'을 뜻한다. 일반 커뮤니케이션에 필요한 글자와 단어, 음을 이해하는 능력이다. 그러한 맥락에서 '이모셔널 리터러시emotional literacy'는 '감정해석력'이다. 감정 커뮤니케이션에 필요한 기본요소들을 이해하는 능력을 뜻한다. 감정해석력은 각종 감정들을 정확히 구분하고 이해하는 능력으로 다음과 같은 2가지 기본능력으로 이루어진다.

- 첫째는 감정에 이름을 붙이는 능력이다. 다양한 감정을 알아보고, 각각의 차이를 구분하고 정확히 이름 붙일 수 있는 능력을 뜻한다. 감정이라는 것은 먼저 알아보는 것(비언어적일 수도 있다)으로 시작되지만, 이름을 붙이면 더욱 명확해진다.
- 둘째는 감정을 이해하는 능력이다. 이것은 다양한 감정을 해석하고, 원인과 결과를 확인하고, 그 감정이 어떻게 변화할 것인지 예측하는 능력이다.

이 2가지 기본능력에는 감정을 느끼는 것은 물론이고 감정에 대해 생각하는 것도 포함된다. 감정해석력은 감정과 분석을 이어주는 다리다. 튼튼한 다리를 가진 사람은 각각의 감정을 정확히 해석하고 제대로 대처하겠지만, 부실한 다리를 가진 사람은 어설 픈 결론을 내리고 우왕좌왕할 것이다. 또한 감정해석력에는 '감정 을 적절하게 표현하기'도 포함된다. 이 능력은 뒤에 나오는 '감정 처리능력'과 연결된다.

감정에 이름 붙이기

감정해석력에 가장 큰 방해요소는 빈약한 어휘다. 영어권 국가 에서 가장 흔히 쓰는 인사말은 "How are you?(어떻게 지내요?)" 다. 답은 거의 정해져 있다. "I'm fine. How about you?(난 잘 지내요. 당신은 어때요?)" 그러면 또 돌아오는 대답이 똑같다. "I'm fine too, thanks for asking.(나도 잘 지내요. 물어봐줘서 고마워 요.)"

이 대화에 나오는 'fine'은 감정이 아니다. 당신은 감정에 붙이는 어휘를 얼마나 많이 알고 있는가? 감정의 이름을 많이 알면 알수 록, 감정을 더 쉽게 구분하고 분류할 수 있다. 감정을 단어로 표현 하다 보면 여러 감정을 더 자세하게 이해할 수 있기 때문이다.

다음 페이지에 '감정 측정기'가 나온다. 우리가 쓰는 언어 중에 감정을 표현하는 단어들이 어떻게 몰려 있는지 알려주는 도구다. 이것은 러셀 원형 모델Russell Circumplex Model을 변형한 것으로, 세 로축은 감정의 강도, 가로축은 즐거운 정도를 나타낸다.

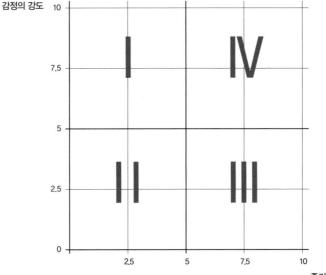

감정의 강도

즐거운 정도

−1번 영역은 강도 높고 불쾌한 감정들의 자리이다. ⋯→ 분노, 슬픔, 경멸 등
−2번 영역은 강도 낮은 불쾌한 감정들의 자리이다. ⋯→ 따분함, 짜증, 의심 등
−3번 영역은 강도 낮은 즐거운 감정들의 자리이다. ⋯→ 평온, 수용, 애정 등
−4번 영역은 강도 높은 즐거운 감정들의 자리이다. ⋯→ 환희, 존경, 승리감, 활기찬 기분 등

감정 측정기
모든 감정이 이 사분면 안에 놓일 수 있다. 직접 적어보면 여러 감정을 이해하는 데 필요한 논리적 구조가 생겨날 것이다.

일단 흰 종이를 준비해 사분면 모양을 그린다. 각각의 사분면에 감정을 나타내는 단어를 30개씩 써보자. 생각보다 너무 많아서 놀랐는가? 감정과 관련된 어휘를 늘리기 위한 과정이자 정서지능을 마스터하는 첫걸음이다. 간단해 보이지만 사실 쉽지는 않다.

감정 이해하기

사분면 중 어느 곳에 단어를 가장 많이 적었는가? 당신이 늘 되고 싶어 했던 사람의 감정은 어디에 많이 들어 있는가? 그것들이 당신이 늘 직원들에게 바라는 감정인가?

"직원들은 2번 영역이어야 가장 집중을 잘할 것 같군요."

이렇게 말하는 사람도 있을 것이다. 그 말도 맞다. 그러나 그들은 문제가 생겨도 제대로 맞서 해결하지 않을 것이고, 혁신적인 생각과 행동도 하지 않을 것이며, 열심히 일하지도 않을 것이다. 그렇다면 문제가 된다.

구성원들이 늘 3번 영역의 감정들을 가지면 어떨까? 3번 영역의 사람들은 마음을 열고 뭐든 잘 받아들인다. 그러나 이들 역시 큰 도전과제에 제대로 맞서지 않고 혁신하지도 않을 것이다.

상황이 달라지면 그에 따라 필요한 감정들도 달라진다. 앞의 그림에 나오는 각 사분면은 각기 다른 방식으로 생각에 영향을 준다. 단순하게 말해, 1번과 2번 영역의 감정들을 느낄 때 그 감정들은 우리에게 이런 말을 한다. "이 상황을 피해!"(이 감정들은 위험이나 위협의 신호다.) 반대로 3번과 4번 영역의 감정이 우리를 지배하고 있다면 이 감정들은 "이것에 다가가!"(이 감정들은 안전과 구원의 신호다.)라고 말한다. 좀 더 자세히 살펴보면 각 사분면은 우리에게 주어진 상황의 다른 측면들을 보게 만들어준다.

4분면	감정을 나타내는 단어들	영향
1번 영역	분노, 슬픔, 절망	큰 문제들과 씨름함
2번 영역	불편, 짜증	사소한 문제들에 집중함
3번 영역	평온, 평화, 배려	마음을 열고 받아들임
4번 영역	승리감, 환희	창의력과 혁신을 자극, 활성

신경생물학적 차원에서 생각해보자면, 감정은 우리가 인식하는 과정에 영향을 준다. 따라서 감정과 그 감정의 영향력을 제대로 알지 못한다면, 우리는 인식의 오류를 범하게 될 것이다. 감정을 좀 더 잘 이해하기 위해, 여러 감정들이 서로 어떻게 연관되는지 알아보자.

4장 끝부분의 '식스세컨즈 정서지능 모델' 실천하기 연습에서 배웠듯이, 주요 감정들은 모두 그 강도가 더 약할 수도 있고 더 강할 수도 있다. 주요 감정들을 꽃 모양으로 설명한 '플러칙 모델 Plutchik Model'을 살펴보면 감정의 진행과정을 이해할 수 있다. 각 꽃잎은 주요 감정이고, 감정의 강도가 조금씩 다른데 중심으로 갈수록 더 강해진다. 그리고 꽃 전체를 접으면 원뿔 모양이 되며, 그 원뿔 모양을 보면 여러 감정들이 강도가 약해지면서 사실상 서로 비슷해지는 게 보일 것이다.

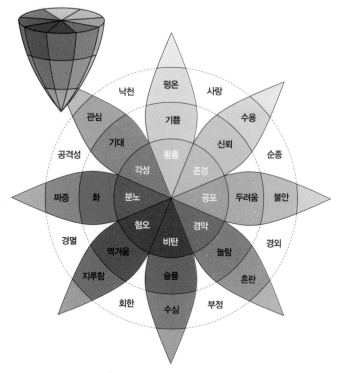

플러칙 모델

플러칙 모델은 주요 감정들 간의 관계를 한눈에 보여준다. 색상환처럼 원뿔 모양에서 위아래는 감정의 강도를 나타내고, 동그랗게 이어지는 옆면은 감정들 간의 유사성을 나타낸다. 8개의 영역은 8가지 주요 감정이고, 서로 반대되는 감정은 반대쪽에 위치해 4쌍이 된다. 원뿔을 쫙 펼친 모델(꽃모양의 큰 그림) 안에서 꽃잎 사이의 빈 공간에 있는 감정들은 양쪽의 주요 감정 2가지가 합쳐진 2차 감정들이다.

A라는 직원이 당신 팀의 팀원이 되었다. 그런데 A는 일의 가치를 모르고 도전하고자 하는 의욕이나 열정도 없다. 그에게 일은 그저 따분하기만 한 것이다. 그렇게 몇 주가 지나고 몇 달이 지나

지만 변하는 건 아무것도 없다. A는 일에 대해 느끼는 감정을 바꾸기보다 자기가 하는 일이 형편없고 지루하다며 불평불만을 늘어놓기 시작한다. 심지어 일에 대한 경멸감까지 드러낸다. 시간이 지나면서 그 경멸감은 혐오감으로 바뀌고 급기야 A는 조직문화를 해치고 일을 태만히 하거나 아예 직장을 그만둔다.

반대의 경우를 생각해보자. 문자 그대로 플러칙 모델의 반대쪽을 보자. 정반대 쪽의 꽃잎은 '신뢰'다. 플러칙 모델은 각각의 감정에 의해 만들어지는 생리학적 반응들을 반영해서 위치를 정했다. 생리학적 반응이 정반대로 나타나는 두 감정을 서로 맞은편에 배치하는 식이다. '경멸'의 생리학적 반응은 거부 또는 밀어내기이고, 그 반대는 수용 또는 끌어안기다. 그러한 반응의 동기가 되는 감정은 '신뢰'다. 그런 식으로 경멸과 신뢰는 맞은편에 위치한다.

B라는 직원이 새로 입사했고, 출근할 때마다 팀원들은 진심으로 그를 반겨주었다. B는 여기야말로 자신이 속한 곳이고, 받아들여지고 있다는 소속감과 안정감을 느꼈다. 시간이 지나면서 B는 목소리에 자신감이 붙고 팀 동료들과 연대감도 느꼈다. 신뢰감이 생긴 것이다. 시간이 더 지나고 같은 자극이 계속되면서, 그는 회사에 대한 충성심을 갖게 되었고 대내외적으로 회사의 지지자가 되었다.

플러칙 모델은 서로 다른 감정들이 합쳐져 '제2의 감정'이 만들어지는 것도 보여준다. 앞의 그림에서는 단 몇 가지만 나와 있지만, 이것은 전체의 일부일 뿐이다. 2차 감정은 주요 감정들의 조합이다. 예를 들어 분노(언제든 맞설 준비가 됨)와 기대(새로운 데이터를 찾음)를 동시에 느낄 경우, '공격성'이라는 감정을 갖게 되는 것이다. 또한 기쁨(당신이 선호하는 것들이 충족됨)과 신뢰(연결감과 안전감)를 동시에 느낄 경우 '사랑'이 생긴다.

"난 화내는 게 아니라 그저 좀 열정적일 뿐인데…"

분노라는 감정은 모든 문제의 근원이라며 비난과 오해를 받는 경우가 많다. 그리고 분노를 다루는 극단적인 두 방식이 '감정폭발'과 '감정최소화'인데, 둘 다 도움이 되지는 못한다. 리더는 왜 분노할까? 이런저런 목표들이 달성되지 않고 있다는 걸 사람들에게 알리기 위한 것 아닐까? 사실 이는 유용한 데이터다. 분노는 관심사를 목표로 바꿔주고 동기를 부여해 행동에 나서게 해준다. 이때 '감정폭발'과 '감정최소화'는 그런 순기능을 방해할 뿐이다.

릭Rick은 병원에서 일하는 관리자다. 늘 분노를 폭발시키곤 해서 주위 사람들은 그를 두려워했다. 걸핏하면 분노를 폭발시키면서도, 역설적이게도 그 자신은 그걸 인정하지 않았다. 누군가 나서서 그의 그런 행동을 지적하면, 그는 자신의 문제를 인정하지 않고 이렇게 말했다. "어, 난 그저 열정적일 뿐인데…. 기준이 좀 높아서 그렇지."

반대의 경우인 셰릴Cheryl은 전문적인 서비스팀을 관리하는 관리자다. 그녀는 늘 자신의 감정을 최소화하려고 했다. 릭과 마찬가지로 그녀 역시 분노와 싸우고 있지만, 그녀의 팀원들은 그걸 모르는 경우가 많았다. 그녀는 자신의 감정들을 억누르려 애쓰며, 그러면서 동시에 또 그 감정들에 지나치게 신경 썼다. 내가 분노에 대해 질문을 던지면 그녀는 이렇게 말했다. "분노 때문에 정말 미치겠어요! 분노를 표출하는 건 정말 안 좋은 일인데, 억제할 수가 없어요!"

이 두 사람은 분노와 싸우는 사람들의 전형적인 모습을 보인다. 보통 사람들은 분노가 나쁜 감정이라고 말하지만, 그게 잘못된 생각이라면 어떨까? 분노가 릭이나 셰릴이 이해하지 못하는 일종의 에너지이자 정보라면 어떨까?

의학박사인 윌리엄 에번스William Evans는 사람들의 육체적, 감정적, 정신적, 영적 자아들을 통합적인 관점에서 보고 건강문제를 해결하는 의사다. 그는 우리 몸의 각종 시스템들이 자연스레 흐를 때 더욱 건강해진다고 말한다. 소화 시스템, 내분비 시스템, 혈액 시스템, 생식 시스템, 면역 시스템 등의 흐름이 막히거나 과도해질 경우 제 기능을 하지 못하고 이상 증세나 질병으로 이어진다는 것이다. 그런데 감정의 경우도 마찬가지라고 한다. 실제로 정신적, 감정적 문제가 신체적 징후로 전환된다는 '신체화somatization'를 연구하는 학문도 새로 생겨났다.

강을 상상해보라. 예를 들어 댐의 물을 하류로 흐르지 못하게 막아버리면 어떻게 되겠는가? 고인 물이 썩어서 악취가 나기 시작하고, 금세 강 전체가 오염될 것이다. 셰릴은 이처럼 썩어가고 있는 상태다(그렇지 않은 체하고 있지만). 반대로 물이 너무 많아도 문제다. 홍수가 나면 물은 강둑 위로 흘러넘치고 주변이 온통 파괴된다. 릭이 바로 이러한 상태다(그 역시 그렇지 않은 체하고 있지만).

강은 자연스럽게 흐를 때 건강하다. 감정도 마찬가지다. 극단으로 흐를 경우(감정을 무시하거나 비난하고 감추는 것 또는 지나치게 표출하는 것) 아무 도움도 안 된다. 결국 우리는 정서지능을 통해 적절한 절충지점을 찾아내야 한다.

다시 자연스럽게 흘러가게 하기

4장에서 알아본 3단계 KCG 과정을 활용하면 셰릴과 릭은 자신들의 감정을 소중한 자산으로 만들 수 있다. 다음은 릭이 3단계 과정을 활용하는 사례다.

· 자신을 알라. Know yourself

분노를 알아내라. 폭발 직전까지 기다리지 말고, 분노가 막 생겨나거나 부글부글 끓어오를 때를 알아내는 것이다. 그 패턴을 파악하고 당신의 반응방식, 그러니까 분노를 폭발시키는 방식도 알아내라.

· 스스로 선택하라. Choose yourself

잠시 모든 것을 멈추고 패턴의 결과들을 분석해보라. 분노라는 감정에 초점을 맞추고 그것을 이해하라. 그리고 그 분노가 실은 당신에게 중요한 어떤 문제(예를 들어 이 경우 직원들에 대한 당신의 기대를 전달하는 방식)에 집중하라고 신호를 보내는 것임을 깨닫는다. 당신이 선택할 수 있는 여러 옵션을 확인하라.

· 자신을 주어라. Give yourself

이 상황에서 당신에게 가장 중요한 것은 무엇인가? 만일 당신의 목적이 고객에게 좋은 경험을 안겨주는 것이라면, 어떻게 해야 그 목적에 다가갈 수 있겠는가? 또 어떻게 하면 당신의 팀원들로 하여금 그 목적에 전념하게 할 것인가?

:패턴인식

인간의 뇌는 패턴들, 그러니까 신경연결 통로들을 따른다. 각종 아이디어와 감정들이 형성되면, 그게 필터가 되고 우리는 그것을 통해 세상을 본다. 그리고 무의식 상태에서는 이 패턴들이 우리가 최상의 업무성과를 올리는 걸 가로막을 수도 있다.

리더라면 '패턴을 파악하는 것'이 자신의 반응들을 예측하는 데 도움이 된다. 그래야 무의식적인 습관이나 반응에 휘둘리지 않게 된다. 반대로 패턴을 파악하지 못하는 리더는 명료한 자기 관점을 갖지 못한 채 무의식적인 습관에 휘둘린다. '패턴을 파악하는 능력'은 스스로의 내면에서 일어나는 일들을 알아보는 '마음챙김mindfulness'의 열쇠이기도 하다.

패턴을 찾아라

 일단 당신 자신의 감정을 알아냈다면, 그다음 단계는 그 감정에 당신이 어떻게 반응하는가를 보는 것이다. 그리고 당신은 감정에 반응하면서 무엇을 하는가? 예를 들어 나는 소규모 금융 서비스 회사의 관리자인 프랭크Frank와 함께 일했다. 프랭크는 자신이 회사에 얼마나 잘 맞는지에 대해 확신이 없었고, 스스로를 믿지 못하겠다고 자주 말했다. 그는 스스로가 무력하다고 느꼈지만, 그런 감정을 좋아하지 않았고, 그래서 이런저런 제안을 하면서 그 감정을 덮어두곤 했다. 그는 끊임없이 다른 사람들의 문제를 '해결'했고, 그러면서 무력감에서 벗어날 수 있었다. 그러나 그게 그 자신에겐 별로 도움이 되지 않았다. 사람들이 그를 고맙게 여기기보다는 '오지랖 넓은 간섭꾼', '소소한 일만 챙기는 관리자'로 봤기 때문이다. 그의 패턴은 '무력감을 느낄 땐 뭔가를 손본다.'였던 것이다. 그는 이 같은 자신의 패턴을 알아낸 후에 그것을 변화시킬 수 있었다.

 감정이 일어나면 당신은 어떻게 반응하는가? 반응을 어떻게 관찰하는가? 반응을 감지하고 관찰하는 법을 알아야 한다, 그래야 감정의 동인을 정확히 이해할 수 있기 때문이다. 사람들은 거의 대부분 각자의 패턴에 따라 반응한다. 어떤 감정이 들 때, 무의식

감정 : 기쁨
목적/신호 : 목표달성, 가능성 확장

내가 이 감정을 느낄 때는…
....

이 감정에 담긴 지혜는 무엇이었나?
....

감정 : 두려움
목적/신호 : 불확실성, 미지의 위험, 무력감

내가 이 감정을 느낄 때는…
....

이 감정에 담긴 지혜는 무엇이었나?
....

감정 : 분노
목적/신호 : 길이 막힘, 변화가 필요함

내가 이 감정을 느낄 때는…
....

이 감정에 담긴 지혜는 무엇이었나?
....

감정의 지혜 1
이 표의 빈 칸을 채우다 보면 각각의 감정을 분명히 이해할 수 있을 것이다.

적으로 특정한 패턴대로 생각하고, 느끼고, 행동한다는 말이다. 예를 들어 위협을 느끼면 공격적인 자세를 취하고, 누군가가 당신의 아이디어를 놓고 이러쿵저러쿵 판단하려 들 때는 방어적인 태도를 보이기도 한다.

'패턴파악하기'를 해보면 이런 과정이 행동으로 옮겨지는 걸 관찰할 수 있다. 거기다 '감정해석력'까지 추가되면 우리의 반응과 감정의 동인들이 좀 더 명확해진다. 스스로를 관찰하고 이해하게 되면, 다른 사람을 움직이는 건 무엇인지, 또 그 과정에서 당신의 역할은 무엇인지도 알 수 있다.

그러니 일단 자신의 감정패턴을 알아야 한다. 패턴을 모르면 바꾸는 것 자체가 불가능하다. 또한 나 자신도 모르는 새에 주위 사람들에게 파괴적인 영향을 미치고, 목표달성도 요원해진다.

자신이든, 타인이든 감정의 패턴을 알아내기 위해서는 아무 판단 없이 관찰하는 게 중요하다. 그러니까 무엇이 옳고 그른가를 따지지 말고, 당신 스스로와 다른 사람들을 관찰하라는 뜻이다. 과학자들이 무언가를 관찰하는 방법을 활용하면 도움이 된다(우리가 이 교과과정을 '자기과학'이라 부르는 이유다). 먼저 당신의 삶에서 되풀이되어 일어나는 행동과 상황들을 떠올리고 생각해본다. 그다음 그 행동과 상황에 따라오는 감정과 생각을 알아본다. 그리고 '어떤 자극을 받으면(행동이나 상황), 나는 주로 어떻게 반응한다

감정 : 슬픔
목적/신호 : 목표를 달성하지 못함, 뭔가 중요한 걸 놓침, 사랑을 잃음

내가 이 감정을 느낄 때는…

이 감정에 담긴 지혜는 무엇이었나?

감정 : 수용
목적/신호 : 가치를 알아봄, 마음을 열고 포용함

내가 이 감정을 느낄 때는…

이 감정에 담긴 지혜는 무엇이었나?

감정 : 기대
목적/신호 : 미리 계획하기, 새로운 상황을 모색하기

내가 이 감정을 느낄 때는…

이 감정에 담긴 지혜는 무엇이었나?

감정의 지혜 2

(감정이나 생각).'는 인과관계에 따라 그 패턴을 정리해본다. 분명한 패턴을 찾을 때까지 계속 관찰하고 정리해본다.

<u>원인과 결과</u>

이 '원인과 결과' 연습을 하다 보면 감정해석력이 높아지고 이번 장에서 나온 여러 아이디어를 전체적으로 정리할 수 있을 것이다. 모든 감정은 각각의 지혜, 즉 중요한 가치를 갖고 있다. 늘 명백한 것은 아니지만, 당신이 유심히 관찰하고 귀 기울일 수만 있다면 감정 하나하나에 다가갈 수 있다. 중요한 것은, 이런저런 모호한 추정이나 복잡하게 뒤엉킨 감정에 허둥지둥하느라 '감정의 지혜'를 놓쳐버려서는 안 된다는 것이다. 각각의 감정은 (당신이 당신에게 보내는) 일종의 메시지다. 아주 중요한 뭔가(핵심가치나 위험 또는 중요한 기회 등)를 알려주고자 하는 목적을 가졌다.

앞에 나온 '감정의 지혜'에 당신이 느끼는 여러 감정들과 각 감정이 가진 목적이 무엇인지 생각해보고 적어보라. 당신이 언제 그런 감정을 느꼈는지 기억을 떠올려서 적어보고, 그런 감정을 언제 다시 느꼈는지도 잘 살펴봐야 한다. 그리고 그런 감정을 느끼는 동안 감정해석력과 관련해 무얼 배웠는지, 어떤 지혜를 찾았는지

감정 : **역겨움**
목적/신호 : 뭔가를 받아들일 수 없음, 거부하거나 달아남

내가 이 감정을 느낄 때는…
....

이 감정에 담긴 지혜는 무엇이었나?
....

감정 : **놀람**
목적/신호 : 현실이 믿음과 다름, 재평가

내가 이 감정을 느낄 때는…
....

이 감정에 담긴 지혜는 무엇이었나?
....

감정의 지혜 3

생각해본다. 각 감정에서 어떤 가치나 귀중한 메시지 또는 핵심원
칙, 통찰력 등을 찾을 수 있었는지 살펴보는 것이다.

감정을 탐구하기 위해 이런저런 모델들을 활용할 수는 있지만,
감정이라는 것은 기본적으로 주관적인 것이다. 게다가 감정은 믿
을 수 없을 만큼 복잡한 것이기 때문에 근본적으로 분석이 불가능

한 경험이다. 여기에 소개한 감정탐구 모델이 도움은 되겠지만, 그렇다고 '만병통치약'은 아니다. 하지만 감정에 대해 좀 더 편안하게, 좀 더 깊이 생각해볼 기회가 될 것이다.

지나치게 분석하려 하지 말라. 모든 감정을 하나의 공식에 집어넣을 수는 없다. 그보다는 잠수부들이 스쿠버다이빙 장비를 이용해 물 아래로 들어가 빙산의 감춰진 신비를 밝혀내듯, 자신의 감정탐구에 이 모델들을 적절히 활용하면 된다.

호기심으로 시작하고, 계속 호기심을 유지하라.

식스세컨즈 정서지능 모델의 3단계 중 1단계인 '자신을 알라' 단계에서 우리는 무엇이 명확하고 무엇이 모호한지 알아보았다. 이제 당신의 목표는 더 명확해졌다.

K라는 사람과 대화를 하는데, 그가 당신에게 아침에 뭘 즐겨 먹느냐고 물었다고 치자. 그런데 당신이 뭐라고 대답하든 K가 "아이고, 그런 걸 어떻게 먹어요? 우웩, 역겨워!" 한다면 당신은 어떻겠는가? 상대가 이 정도로 부정적이고 비난만 일삼는 사람이라면, 그가 진지한 질문을 더 해올 때 과연 마음을 열고 솔직하게 대답할 수 있겠는가? 그런 사람과 대화를 더 이어나갈 수 있겠는가?

누구나 자기 스스로를 솔직하게 바라본다는 것은 아주 힘든 일이다. 당신이 만일 수년간 감정들을 억누르거나 무시하거나 최소화시켜왔다면, 또는 수십 년간 당신 자신을 비난하고 질책해왔다면, 스스로에게 좀 더 진지한 질문들을 던질 때 어떻게 마음을 열고 답하겠는가? 좀 전에 이야기한 고약한 상대 K가 바로 당신 자신이라면?

이 문제를 해결할 방법이 있다. 바로 자기연민과 호기심이다. 당신의 감정과 그 반응의 패턴을 확인했다면, "오, 그것 참 흥미롭네." 하고 말해보라. 당신의 감정은 옳은 것도, 그른 것도, 긍정적인 것도, 부정적인 것도 아니다. 그저 감정 그 자체일 뿐이다. 반응패턴도 마찬가지다. 전적으로 옳거나, 전적으로 그른 것은 없다. 순전히 그동안 그렇게 교육받은 것일 뿐, 당신 잘못이 아니다. 감정은 호기심을 갖고 관찰해볼 만한, 흥미진진한 주제다. 이번 장에 나온 연습을 통해 충분히 자기성찰 하고, 호기심을 최대한 만족시키기 바란다. 그런 다음 2단계로 넘어가면 훨씬 좋은 결과를 얻을 것이다.

· 핵심개념

감정에는 우리 내면에서 일어나는 모든 일과 다른 사람들과의 관계에서 일어나는 모든 일에 대한 데이터가 담겨 있다. 그리고 우리는 그 데이터를 정확히 해석하는 법을 배울 수 있다. 감정은 우리의 인식에 영향을 준다.

· 참고자료

《감정관리도 전략이다》, 칩 콘리 지음, 이일준 옮김, 세종서적, 2013.
《트러스트 팩터》, 폴 잭 지음, 이주영 옮김, 매일경제신문사, 2018.
《감정은 어떻게 만들어지는가?》, 리사 펠드먼 배럿 지음, 최호영 옮김, 생각연구소, 2017.

· 핵심연습: BMH 스캔

BMH는 몸body, 마음mind, 심장heart을 뜻한다. 감정에 어떻게 반응하는지 관찰하기 위해 다음의 3가지 영역을 6초 동안 잘 살펴보라.

몸-신체 감각들. 빡빡하거나 따갑거나 화끈하거나 차갑게 느껴지는 몸의 부위가 어디인가? 이런 것들이 당신의 현재 상태에 대해 알려주는 단서다.
마음-인지활동. 당신은 지금 무얼 생각하고 있으며, 어디에(문제, 해결책, 기회 등) 관심을 집중하고 있는가? 이를 알면, 당신의 감정이 당신에게 어떤 영향을 주는지, 당신 스스로에 대해 얼마나 명료하게 느끼고 있는지 알 수 있다.
심장-감정. 당신이 지금 이 순간 갖고 있는 감정을 3~5가지만 생각해보라. 어떤 감정들인가? 이를 알면, 감정해석력이 좋아지고 자기인식능력 self-awareness을 기르는 데 도움이 된다.

싸울 것인가, 흐를 것인가?

- 스스로 선택하라 Choose yourself

결국에는 우리가 우리 삶을 만들고 우리 자신을 만든다.
이는 죽을 때까지 절대 끝나지 않는다. 어떤 선택을 하든 그건 전적으로 우리의 책임이다.
―엘리너 루즈벨트Eleanor Roosevelt

리더라면 당신의 모든 것이 리더십을 나타낸다. 매일 보여주는 모습, 감정에 반응하는 방식, 살아가는 방식 등이 주위 사람들에게 최선을 다하게끔 독려하는 수단인 것이다. 그중에서도 감정은 가장 강력한 동인이자 수단이 된다. 앞서 말했듯이 감정은 전염성이 매우 강하다. 그래서 당신의 감정은 다른 사람들에게 전염되고 그들의 감정까지 변화시킨다. 거기서 끝이 아니다. 그렇게 감정이 전염된 사람들의 문제해결방식은 물론이고 서로간의 상호작용, 고객과의 상호작용, 업무효율성까지 변화시킨다. 당신은 어떤 메시지를 담은 감정을 주위에 퍼뜨리고 있는가? 그 메시지는 당신의 비전이나 업무수행에 도움이 되는가?

싱가포르를 방문했을 때, 어느 날 점심에 나는 내가 제일 좋아하는 중국음식인 '샤오룽바오'라는 만두를 먹고 있었다. 샌프란시스코에서는 맛보기 힘든 음식인 데다, 김이 모락모락 나고 축축한 게 아주 맛있어 보였다. 만두를 하나 집어 들었는데, 바로 그 순간 일정보다 뒤쳐진 업무 하나가 생각났다. 그 생각에 골몰하다 보니, 만두를 씹으면서도 어떤 맛인지 전혀 느낄 수가 없었다.

급격하게 실망감 같은 것이 들었다. '일 생각은 사무실에서 끝내고 점심만큼은 마음 편히 먹어야 하는데 그조차 못하다니, 대체 뭐가 잘못된 걸까?' 하는 생각이 들었다. 그런 생각을 하면서 두 번째 만두를 입안에 넣었는데, 여전히 머릿속이 복잡해서 만두의 맛을 제대로 즐기지 못했다. 그래서 나는 세 번째 만두는 제대로 그 맛을 감상하기로 마음먹었다. 일 생각을 접고 먹는 데 좀 더 집중하자고 결심한 것이다. 그러자 만두가 너무너무 맛있어졌다!

이처럼 우리는 아무리 소소한 일이라도 살아가는 방식을 선택할 수 있다. 그리고 감정과 관심사를 바꾸면, 극적인 변화로 느껴질 만큼 전혀 다른 방식으로 순간순간을 즐길 수 있다는 말이다. 그날 점심때만 해도, 나는 일 생각에 정신을 파느라 그 좋아하는 만두를 앞에 두고서도 무의식적인 반응을 보였고, 세 번째 만두에 가서야 일 생각을 접고 내가 기대한 반응을 보일 수 있었다. 만두 맛이 바뀌는 건 그야말로 순식간이었다. 당장 오늘 점심 때 시도해보길 바란다.

이게 바로 식스세컨즈 정서지능 모델의 2단계인 '스스로 선택하라' 단계다. 그러니까 의도적으로 현재에 충실하고, 깨어 있고, 명석한 삶을 살며, 주변 사람들에게도 그런 영향을 주는 것이다.

내가 첫 번째 만두를 먹을 때처럼 정신이 딴 데 가 있다면, 그런 상태로 어떤 일을 하거나 결정을 내릴 때 중요한 것을 빠뜨리거나 놓치기 쉽다. 주변 사람들에게 부정적이고 실망스런 영향을 줄 수도 있다. 스트레스를 과도하게 받은 상태일 때도 마찬가지다. 다양한 압박감과 스트레스에 시달리는 요즘 사람들에게서 흔히 볼 수 있는 일이다. 반대로 감정이나 주의를 원하는 데 집중하는 상태로 바꾸면 올바른 결정을 내리고 주위 사람들에게 좋은 영향을 주면서 현재의 순간을 즐길 수 있다.

감정을 제대로 이해하면, 그 감정을 전략적으로 활용할 수도 있다. 그러니까 주어진 여러 상황에서 최적의 감정들을 끌어낼 수도 있다는 의미다. 자신의 감정을 선택할 수 있다면 최고의 업무성과를 이끌어낼 수 있다. 감정을 선택하고 전략적으로 활용하는 방법은 뭘까? 단 하나뿐이다. 우리 자신의 감정을 제대로 변화시키는 것이다. 그래야만 다른 사람들에게까지 영향을 줄 수 있다. 식스세컨즈 정서지능 모델에서는 이것을 '감정처리'라고 한다.

2단계인 'Choose yourself 스스로 선택하라' 단계에서는 4가지 능력에 초점을 맞출 것이다. 우리 자신의 선택을 평가하고, 내면에서부터 새로운 감정과 행동으로 옮겨갈 수 있는 능력이다. 또한 '싸우거나 흐르거나fight or flow' 둘 중 하나를 선택하면서 우리는 언제 어떻게 우리 자신을 알게 되는지를 탐구하고, 그런 변화를 통해 자신이 원하는 사람으로 변하게 된다.

리더십 관점에서 볼 때 이 과정은 절대적으로 필요한 부분이다. 리더가 되려면 앞으로 나아가 다른 사람들을 이끌고 가야 한다. 그런데 감정에 반응할 때 늘 싸우는 쪽만 선택한다면, 누가 그런 리더를 따르겠는가?

점점 더 격해지는 감정

에스컬레이터를 생각해보라. 당신이 평온하고 균형 잡힌 상태일 때, 그러니까 자연스런 흐름을 타고 이동할 때, 당신은 에스컬레이터 아래쪽에 있는 것이다. 그런 상태에서는 역경을 헤쳐 나가기도 쉽고 이런저런 도전에 대응하기도 쉽다. 그러나 만일 좌절한 상태거나 스트레스가 심각하게 쌓였을 때, 제대로 잠도 못 자고, 잘 먹지도 못하고, 운동도 못해서 몸과 마음이 피폐해졌을 때는 작은 일에도 벌컥 화가 나고 감정조절이 안 된다. 반응의 에스컬레이터를 타고 올라가기 시작하는 상태다(식스세컨즈에서는 감정이 점점 격해지는 과정을 '에스컬레이션 된다'고 표현한다. 이런 행위과정을 '리액션reaction'이라고 하는데, 거의 무의식적으로, 의도하지 않게, 욱하는 꺼수기 리액션이다. 반대로 의도하고, 의식적으로 반응하는 행위를 '레스폰드respond'라고 한다. 정서지능을 훈련하면 '리액트'해왔던 순간에도 '레스폰드'할 수 있다. - 옮긴이).

그리고 에스컬레이터를 탈 때마다 당신은 감정반응 사이클을 따라간다. 감정반응 사이클은 준비, 해석, 에스컬레이션의 3단계로 이루어진다.

• **1단계 준비** : 준비 단계에서 당신은 반응reaction을 보이기 쉬운 상태로 들어갈 준비를 한다. 예를 들어 수면부족, 영양결핍, 과로, 근심걱정이 지속되면 육체적, 감정적, 정신적으로 반응을 보이기 쉬운 상태로 들어간다는 뜻이다. 그런 상태일 때 자극이 들어오는데, 그게 바로 '방아쇠 격발trigger'이다. 그러니까 누군가와 말다툼을 하거나(부정적인 인간관계), 어떤 일 때문에 좌절감이나 스트레스를 받거나, 혹은 울화통이 치밀게 하는 생각을 갖게 되는 것이다.

• **2단계 해석** : 그리고 나면 당신은 해석 단계로 들어간다. 방아쇠가 당겨졌거나 자극을 받았다. 당신은 그것을 위협, 위험 혹은 문제로 인식한다. 이 단계는 그야말로 눈 깜짝할 사이, 약 0.25초 만

에 일어난다. 그리고 이 과정을 관장하는 곳이 '시상'이라는 뇌 부위다. 시상은 감각정보의 흐름을 제어하는 밸브와 같은데 주로 위협을 제어한다. 뇌의 시상에서 위협이 인지되면 자율신경계가 움직이기 시작하고, 그 결과 연쇄반응처럼 온갖 화학물질들이 쏟아져 나온다.

•**3단계 에스컬레이션**: 그런 반응이 일어나면서 당신은 이제 에스컬레이션 단계로 들어가, 에스컬레이터를 타고 조금씩 위로 올라간다. 그러면 당신의 생각과 감정들이 상호작용을 하면서 뇌 속에 화학물질들이 쏟아져 나오고, 당신의 자율신경이 교감신경을 자극해 싸우거나, 도망가거나, 아니면 그 자리에서 얼어버리는 상태에 들어갈 준비를 한다. 그리고 이제 아드레날린이 쏟아져 나오면서 근육에 힘이 들어가거나, 혹은 코르티솔이 분비되면서 잔뜩 경계하게 된다. 당신은 어쩌면 그 상황에서 상대가 얼마나 잘못되었고 나쁜 사람인지, 당신 자신은 얼마나 옳고 착한 사람인지를 생각할 것이며, 거기에 당신의 판단이 추가되면서 이 같은 감정반응의 사이클은 더욱 힘차게 돌아간다.

이것은 사이클이기 때문에 에스컬레이션 단계에 이르면 곧 다시 준비 단계에 접어들면서 새로운 사이클이 반복된다. 멈추지 않고 계속 반복되면, 당신은 에스컬레이터를 탄 것처럼 점점 더 위

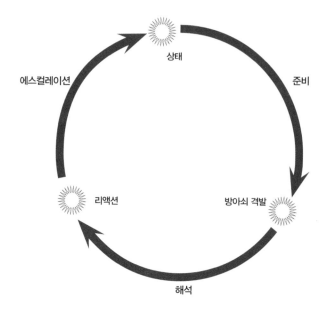

리액션 사이클

우리가 어떤 자극에 대해 반응(싸우거나fighting, 도망가거나fleeing, 그 자리에서 얼어버리는freezing)을 보일 때, 그것은 단독으로 일어나는 것이 아니다. 반응은 준비 단계에서 시작되어 자극으로 이어지며, 그다음에 그 자극을 해석하는 단계로 들어간다. 해석한 후에도 리액션(반응)이 계속되면 에스컬레이션 단계로 들어간다. 그리고 이렇게 감정반응이 고조된 뒤 다시 준비 단계로 들어가 리액션 사이클이 반복된다.

로 올라가게 된다. 에스컬레이터를 타고 더 높이 올라간다는 뜻은, 내면의 위협 수준도 더 높아지고 '위험 레이더'도 더 예민해진다는 뜻이다.

처음 몇 번은 다른 사람들의 눈에 보이지 않을 수도 있다. 처음에는 이후의 반응을 준비하면서 내면에서만 반응하기 때문이다.

그러나 이 반응 사이클의 반복횟수가 더 많아지면 당신은 결국 폭발 직전의 상태까지 올라가게 된다.

공격하거나 방어하거나

거대한 석구가 마치 물 위에 둥둥 떠 있는 것처럼 보이는 분수를 본 적이 있는가? 다음 페이지의 사진은 미국 텍사스 주 애머릴로에 있는 밀레니엄 볼Millennium Ball 분수다. 이 석구는 무게가 무려 1,360kg이 넘는다. 하지만 물 위에 떠서 어린아이가 건드려도 빙글빙글 돈다. 1톤도 넘는 돌덩어리가 물 위에서 소용돌이를 그리며 아주 가볍게 도는 것처럼 보인다. 우리가 그 돌덩어리 분수처럼 평온하면서도 힘 있게, 그리고 또 자연스럽게 다른 사람들과 관계를 맺을 수 있다면 어떨까? 이처럼 자연스럽게 리더십이 흐르듯 발휘된다면 어떨까? 그 어떤 악조건 속에서도 차분함과 집중력을 잃지 않는 리더가 된다면, 제 아무리 거센 폭풍우가 몰아쳐도 그가 키를 잡고 있다는 사실만으로도 모든 선원들이 안도할 수 있는 그런 선장이 된다면 어떨까? 그러한 리더십을 가지려면 어떻게 해야 할까?

긴장감을 느끼거나 갈등에 빠질 때, 자연스럽게 '흐르는' 것이

밀레니엄 볼

사실상 쉽지 않다. 사람과 사람 사이의 소소한 문제들은 양측이 서로 "내가 옳다."며 자신을 보호하고 나서기 때문에 점점 더 갈등의 강도가 세진다. 왜 이런 일이 일어나는 걸까?

인간의 내면에는 생존에 도움을 주는 일련의 반응들이 숨어 있다. 위협이나 위험으로부터 우리 자신을 지키기 위한 능력을 수천 년 넘게 계속 갈고닦아 왔다. 인간은 거북이 같은 단단한 껍질이나 호랑이 같은 날카로운 송곳니는 없지만, 대신 극도로 정교하고 예민한 뇌가 있다. 우리의 뇌는 위협을 감지하면 스스로를 지키기 위해 이런저런 반응을 한다. 이것은 변연계(또는 정서뇌)에 입력된 생존반응인데, 생물학적 원리와 경험에 따라 싸우거나fighting, 도망가거나fleeing, 경직되는freezing 형태로 나타난다. 어떤 이들은 이 3가지 반응에 f로 시작되는 단어를 하나 더 보태 'flocking' 즉, '무리 짓기'를 포함시키기도 한다. 어쨌거나 이런 반응은 우리가 피하고 싶다고 피할 수 있는 것이 아니다. 그야말로 위협에 직면했을 때 우리 자신을 지키기 위한 원초적인 반응으로, 이미 몸속 깊이 각인되어 있기 때문이다.

만일 내가 당신을 위협한다면, 장담컨대 당신은 싸우거나 도망치거나 경직되는 반응을 보인다. 쉽게 말해 반격하거나, 후퇴하거나, 피하거나, 다른 사람들과 힘을 합치는 방식으로 방어한다는 뜻이다. 물론 당신이 보이는 반응의 강도에 따라, 나 역시 싸우거나 도망치거나 경직되는 반응을 보일 것이다.

이 '위협반응'은 대니얼 골먼 박사가 말하는 이른바 '편도체 하이 잭킹'의 일부로, 조셉 르두 박사가 실험으로 규명한 바 있다. 편도체는 뇌 속에 있는 주요 감정센터 중 하나인데 인지된 위험에 반응하는 것이 핵심기능이다. 피터 샐로비 박사의 설명처럼, 이런 반응은 사실 정서지능의 한 예다. 그러니까 인지적 사고의 개입이 거의 혹은 전혀 없는 상태에서 이런저런 결정이 내려지는 것인데,

문제는 이런 정서지능을 제대로 발달시키는 사람이 거의 없다는 사실이다.

그렇다면 편도체는 어떤 것을 위협으로 여길까? 누군가가 다른 누군가를 힘으로 누르려 하는 거의 모든 상황에서 '생존반응'이 촉발된다. 감정의 관점에서 보면, 누군가를 깎아내리거나, 창피를 주거나, 비난하거나, 당혹스럽게 만들거나, 자기 기준으로 판단하거나, 불신하거나, 소외시키면 생존반응이 나타난다는 말이다.

많은 일터에서 이런 일이 늘 일어난다. 그러면 누군가는 위협감이나 무력감을 느끼고, 스스로를 지키기 위해 언성을 높이거나 화를 낸다. 가정이나 학교에서도 마찬가지다. 그런데 이처럼 남을 비난하고, 판단하고, 깎아내리려면, 그 자신은 늘 옳은 사람이어야 한다. 남을 깎아내리는 사람은 그만큼 자신의 위치가 올라간다고 믿는다.

A가 B를 공격한다면, 장담컨대 B는 어떤 식으로든 생존반응을 보일 것이고, 그런 일이 계속 반복되면 상황은 점점 악화될 것이다. 차분하게 대처하던 B는 스스로가 빈틈없다고 생각할지 모르지만, 마음의 상처와 분노가 커지면 어느 순간 자신도 모르게 폭발하고 만다. 이런 일은 어디에서나 거의 늘 일어난다. 하지만 B가 자연스러운 생존반응으로서 방어적인 자세를 취할 때, 오히려 그 스스로는 놀라고 당혹스러워 한다.

왜 그럴까? 대부분의 사람들이 자기 자신이 훌륭한 '포커페이스'를 가졌다고 믿고 있기 때문이다. 우리는 늘 자신의 감정을 잘 숨기며 살고 있다고 생각한다. 상처받고 좌절감에 빠져 있어도 전혀 안 그런 척하며 태연히 묻는다. 대체 무슨 일이냐고. 무슨 일이 벌어진 것인가? 공격받은 B는 A에게 대체 무슨 일이냐며 '태연히' 묻지만, A는 B가 마치 "다 너 때문이야. 너 때문에 나는 상처받았고, 좌절감에 빠져서 이제 더 이상 참을 수가 없어."라고 말한 것처럼 반응한다.

이런 일이 당신에게도 일어나는가? 얼마나 자주 일어나는가? 마음이 완전히 상했지만, 당신은 그런 감정을 숨긴 채 태연히 행동하려 애쓴다. 그러나 그런 노력에도 불구하고 사람들은 여전히 당신이 마치 남들을 공격한 것처럼 반응한다. 사람들은 표정이나 말투에서 당신의 감정을 느끼기 때문이다. 이는 뇌의 변연계에서 일어나는 또 다른 생존 메커니즘 때문에 생겨나는 상호작용이다. 우리는 공격을 받았을 때 자신을 지키려는 반응을 보일 뿐 아니라, 다른 잠재적인 위협에도 평소와 다르게 아주 예민하게 반응한다.

변연계는 인간관계 속에서 위험한 감정들을 찾아내는 '위험 탐지용 레이더'와 비슷하다. 이 레이더는 분노, 좌절감, 두려움, 불안감, 거부, 경멸같이 잠재적으로 위험한 감정들을 찾아낸다. 가령,

불안감은 스트레스가 많은 현대인에게 가장 중요한 문제로 대두되고 있다. 뇌는 불안감을 통해 우리에게 경고 메시지를 보낸다. '늘 전투에 대비하라.'는 메시지 말이다.

당신이 나와 대화를 한다고 가정해보자. 이때 당신의 변연계는 위험 탐지용 레이더처럼 계속해서 나를 탐지한다. 예를 들어 내가 겉으로는 평온한 체하고 있지만, 사실 큰 좌절감에 빠져 있다고 치자. 당신 때문은 아니다. 전화통화 중에 들은 어떤 얘기 때문에 좌절한 것이다. 그래서 나는 아주 차분한 어조로 당신한테 어떤 프로젝트를 잘 처리해달라고 부탁한다. 내 말은 전혀 불합리하지 않지만, 당신의 레이더는 계속 뭔가를 탐지하고 있다.

그러다 당신은 결국 내 말과 감정이 일치하지 않는다는 걸 감지한다(무의식적인 내 몸짓언어와 얼굴표정에서 수천 가지 소소한 단서들을 찾아낼 수 있기 때문에 가능하다). 내가 어떤 감정인지 정확히는 몰라도, 하여간 뭔가 문제가 있음을 감지한 것이다. 그리고 내 말과 감정이 일치하지 않는다는 사실만으로도 당신은 두려움을 느낄 수 있다. 어쨌든 내가 당신한테 뭔가를 숨기고 있다는 의미이기 때문에, 그런 경우 당신의 변연계는 '저 사람이 나를 해치려고 뭔가 숨기고, 나를 속이려는 거야.'라고 생각한다.

우리의 '위험 탐지용 레이더'는 얼굴표정과 목소리 톤을 읽는 일도 한다. 앨버트 메라비안Albert Mehrabian 박사가 UCLA 대학에서 연구한 바에 따르면, 인간의 커뮤니케이션 중 '말'로 전달되는 메시지는 고작 7%뿐이고, 나머지 93%는 목소리 톤, 몸짓, 표정 등으로 이루어진다고 한다. 표정에 대한 폴 에크만Paul Ekman 박사의 연구는 이 같은 결론을 뒷받침해준다. 에크만 박사는 얼굴 전체에 휙휙 스쳐 지나가는 미세표정을 통해서 사람들 사이에 방대한 감정정보가 전달된다는 사실을 밝혀냈다. 대부분의 사람들은 미세표정의 일반적인 패턴을 알아차리지만, 극소수의 사람들은 그런 표정들을 제대로 읽지 못한다고 한다. 그래서 우리는 옆에 있는 사람이 지금 기분이 몹시 안 좋은데 그걸 숨기려 하고 있다면, 금세 알아챈다. 하지만 그 감정이 우리를 향한 것인지는 알지 못할 수도 있다.

어쨌든 인간관계는 각자가 내면에 숨긴 감정이나 의도에 영향을 받는 경우가 많다. 상대방의 내면에 오가는 감정이나 의도를 정확히 알 수는 없지만, 감정에 일관성이 없거나 내면과 외면이 일치하지 않음을 감지할 수는 있다. 그러면 변연계는 당신에게 '전투를 준비하라.'는 메시지를 보낸다. 물론 그 메시지는 당신의 감정과 경험에 따라, 그리고 상대방과의 관계에 따라 다르다. 그 메시지를 받고 나면 우리는 당장 이런저런 반응을 보인다.

이 모든 걸 감안한다면, 사람들이 '내가 옳고 너는 틀렸다.'는 것을 입증하기 위해 왜 그렇게 많은 시간과 에너지를 쏟으며 상대를 공격하고 자신을 방어하는지 이해가 될 것이다. 그리고 그 모든 적대감 속에서 돌덩어리 분수처럼 자연스레 '흐른다'는 것은 정말 힘겨운 일이 아닐 수 없다.

스트레스가 더 큰 스트레스를 낳는다

스트레스를 다룰 때 사람들이 흔히 빠지는 함정이 하나 있다. 적대적인 분위기를 인지했을 때, 그걸 알리는 신호를 '위협'으로 보는 경향이 강해진다는 것이다. 물론 일리는 있다. 불안한 상황에서 살아남으려면 조심해야 하니까 말이다.

상황이 더 불안해질수록 우리는 더 중대한 생존반응의 압박을 느낀다. 앞서 언급한 지멘스 헬시니어즈의 사례에서 그 회사 관리팀은 '뷰카VUCA' 상황, 즉 모든 게 변동적이고 불확실하고 복잡하고 모호한 상황에서 회사 일에 전념하기 위해 몸부림을 쳤다. 그리고 외적 상황이 그들의 '위험 탐지용 레이더'를 작동시킨 가운데, 사람들은 '싸우거나, 도망치거나 또는 경직되는' 상태로 내몰렸다(구성원들이 좋은 의도들을 갖고 있을 때조차도). 오늘날 우리는 전무후무할 정도로 큰 스트레스를 받고 산다. 그것이 우리의 뇌와 우리 팀원들에게 어떤 영향을 미칠까?

그래도 다행히 우리에겐 선택권이 있다. 어쩌면 무제한의 선택권일 수도 있다. 하지만 '자극과 반응 사이의 간극'을 넓힐 때, 잊지 말아야 할 것이 있다. 위협이 복잡하고 커질수록, 그 간극을 넓히기가 더 힘들어진다는 사실이다.

모든 걸 잠시 멈추고 '결과예측사고'를 활용하라.

식스세컨즈 정서지능 모델에서는 이 같은 사이클을 이해하고 관리하는 능력을 '결과예측사고'라고 한다. 미리 느끼고 생각함으로써 가장 효과적인 대안을 선택하는 능력이다. 전략적인 계획과는 다른데, 결과예측사고를 할 때는 감정을 내적, 외적 세계와 관련해 꼭 필요한 정보자원으로 여기기 때문이다.

결과예측사고를 하려면 어떻게 해야 할까? 먼저 자신의 행동에 대해 생각해보고, 감정에 대해 합리적으로 분석해볼 필요가 있다. 당신이 내린 선택에 들어가는 비용과 그 효과를 따져보라는 얘기다. 다시 말해, 수면 위에 떠 있는 빙산의 일부가 갖고 있는 합리적인 측면과 그 밑에 감춰진 빙산의 나머지 부분에 영향을 주는, 의도치 않은 결과들을 두루 살펴보는 것이다. 따라서 결과예측사고를 활용하면 부적절한 말과 행동으로 감정을 표출하려는 충동을 모니터링할 수 있다. 몇 가지 팁을 소개하겠다.

: 결과예측사고

결과예측 사고능력을 활용할 경우, 어떤 행동을 실행하기 전에 잠시 모든 걸 멈추고 우리의 선택이 불러올 결과들을 면밀히 예측해볼 수 있다. 이는 충동을 관리하고 의도적으로 행동하는 데(무의식적으로 반응하는 게 아니라) 꼭 필요한 능력이다.

리더가 결과예측사고를 하면, 조심스레 계획을 수립하고, 의도를 갖고 행동하며, 여러 옵션을 평가해본 후에 최적의 결과를 내는 선택을 할 수 있다. 또한 일단 계획을 수립했다면 완수될 때까지 집중력을 유지시켜주기도 한다. 그러나 결과예측 사고능력이 없는 리더는 매사에 충동적으로 반응해 나중에 그 결과에 놀랄 가능성이 크다. 그래서 그는 사람들을 불안하게 만들고, 신뢰할 수 없는 사람으로 비춰진다.

1. 사람들은 위험을 인지할 때 자신을 지키려 한다(F로 시작하는 반응들 중 하나로).

2. 우리의 뇌는 분노, 두려움, 불신 같은 위험을 알려주는 감정들을 탐지한다. 말과 표정, 감정이 서로 일치하지 않는 것도 위험신호다(그래서 불신을 갖게 한다).

3. 불안감과 스트레스가 커지면 '위험경고'의 수준도 올라가고, 그러면 우리는 훨씬 더 예민해지고 경계심에 사로잡힌다.

4. 누군가가 '공격'할 기미를 보이면 우리는 거의 틀림없이 어떤 식으로든 방어반응을 보인다. 아무리 좌절감과 분노를 감추려 해도 반응을 보일 수밖에 없다.

나 자신을 포함해 대부분의 사람들이 감정적으로 행동하는 것을 특히 좋아하지 않는다. 나도 모르게 감정이 나오지 않게 하려면, 정말 안전하다는 느낌을 가져야 한다. '위험 탐지용 레이더'가 계속 위험신호를 감지하고 있는 상황에서는 절대 안전하다는 느낌을 가질 수 없다. 따라서 그런 위험상황에서 차분하게 감정을 컨트롤하는 것은 정말 힘들다. 방어적인 자세를 취하거나 오히려 자기비판을 하며 스스로를 공격함으로써 그 상황을 피하거나 모면하려고 할 수도 있다.

당신이 어떤 감정을 느꼈을 때 패턴처럼 늘 비슷한 반응이 당신도 모르게 나온다고 치자. 그런 패턴은 왜 생기는 걸까? 당신이 관찰하는 것에 대해 이런저런 판단(잘못됐다거나 잘됐다거나, 이렇게가 아니라 저렇게 되어야 한다거나, 원칙이 아니라 예외라거나 등등)을 하고 있기 때문인지도 모른다. 그 판단들을 의식하며 자신에게 이렇게 말해보라. "그래, 그런 판단도 가능하겠지."(그런데 실은 다른 합리적인 결론도 있을 수 있다.)

싸움, 도피, 경직 중에 싸움을 선택했다면, 당신은 상대를 싸워서 이기려고 애쓸 것이다. 하지만 그것은 보통 힘든 일이 아니다. 그러나 당신이 만일 정서지능을 높여 자연스레 흐르는 듯한 삶을 살기로 결심한다면, 진정한 힘이 생겨나 싸울 필요가 없어진다. 당신이 얼마나 강한지를 굳이 보여줄 필요가 없어진다는 의미다.

물은 더 강하다.

나는 석구분수를 볼 때마다 감탄하곤 한다. 저 무거운 돌이 어떻게 물 위에 떠서 쉼 없이 움직이는 걸까. 물은 고요하면서도 강하다. 물이 강한 것은 시끄럽거나 빠르거나 격렬해서가 아니다. 그리고 또 물의 효율성은 한결 같고 균형 잡힌 특성에서 비롯된다. 동양의 풍수학자들은 물이 '움직임, 돈, 감정'을 의미한다고 말한다. 물 위에 떠 있는 분수의 석구는 자아를 나타내고, 우리가 감정 안에서 가라앉거나 뜰 수 있다는 것을 상징한다.

내 경우는 '먼저 선수 치는 것'의 반대라 할 수 있는 '아무 노력도 하지 않는 것'이 정말 힘들다. '굴복'이라고 말하는 사람도 있고 '평화'라고 말하는 사람도 있지만, 나는 '받아들임'이란 말을 좋아한다. 그렇다면 매일매일 쌓여가는 스트레스 속에서 우리는 어떻게 감정을 힘의 자원으로 활용해 아무 노력 없이 석구처럼 물 위에 뜰 수 있을까?

이런 마음가짐을 가지려면 우리에게 선택권이 있다는 것부터 인식해야 한다. 식스세컨즈 정서지능 모델의 3단계 중 2단계는 'Choose yourself' 즉, '스스로 선택하라.'다. 이것은 내가 한 행동의 결과에 책임을 지고, 나 자신의 삶을 되찾고, 의도한 대로 행동한다는 의미다. 이것을 가능하게 하는 주요 능력은 4가지로 나눠볼 수 있다.

1. 결과예측사고: 무의식적으로 반응하는 것이 아니라 비용이나 효과를 고려해서 행동할 수 있는 힘이다. 행동을 하기 전에 당신의 선택을 스스로 평가할 수 있다는 의미다(행동에 옮기기 전에 평가하는 게 이상적이다).

2. 감정처리: 감정으로부터 통찰을 얻고, 그 감정을 정보로, 혹은 에너지원으로(혼란과 투쟁의 자원이 아니라) 변화시켜주는 능력이다.

3. 낙관성발휘 : 당신은 선택할 수 있는 여러 옵션을 떠올릴 수 있고 그중 원하는 것을 선택할 수 있다(선택권이 전혀 없는 희생자가 되는 게 아니라).

4. 내적동기부여 : 자기 자신과의 약속을 토대로 변화할 수 있는 능력이다(바람에 이리저리 날려 다니는 게 아니라).

위의 4가지 능력을 활용할 경우 자기통제가 가능해진다. 그러면 무의식적으로 반응하거나 본능에 따르는 게 아니라 의지와 의도에 맞게 대처할 수 있다. 먼저 도전과제를 다시 살펴보자. 나의 도전과제와 당신의 도전과제는 완전히 다를 수 있다. 내게는 어려운 일이 당신에게는 쉬운 일일 수도 있다는 말이다. 당신의 도전과제는 무엇인가? 쉬운 도전과제라면 별 문제가 없겠지만, 많은 노력을 기울어야만 하는 도전과제는 그야말로 도전정신이 필요하다.

앞에서 당신 자신의 '위험 탐지용 레이더'에 대해 시간을 투자해서 좀 더 잘 알아보고 살펴보라고 말했다. 대부분의 위험 탐지용 레이더는 '자신의 힘을 잃게 될지도 모른다는 두려움'에 특히 민감하다. 무력감과 두려움이 엄습하거나, 통제력을 상실한 것처럼 느껴질 때 우리는 아주 언짢아지며, 그래서 뭔가 힘을 잡으려 한다. 그처럼 불안정한 순간이 되면 우리는 스스로가 무력하거나 무능하거나 나약하지 않다는 것을 보여주고 싶은 충동에 사로잡힌다.

그럴 때 우리는 "내가 옳아."라고 말하거나 "나는 답을 알고 있어." 하는 태도를 취한다. 아니면 다른 사람의 관점을 무시하고 자신의 전문지식을 과시한다.

왜 그럴까? 나약해 보이거나 무능해 보이지 않으려고 그런 식으로 타인에게 위력을 행사하는 것이다. 동료들, 팀원들, 상사, 자녀, 배우자, 부모님 등, 주변 사람 그 누구보다 내가 옳아야 된다는 생각이 든다. 그들에게 힘 있는 사람이 되려면, 나는 단순히 옳고 똑똑한 정도를 넘어 그 누구보다 옳고 똑똑해야 한다. 다시 말해 그들이 나보다 덜 옳고 덜 똑똑해야 한다는 뜻이다. 결국 또 다시 변연계 시스템들 간의 싸움이 시작되는 것이다.

이런 상황에서 우리의 이성과 감정 사이에 상호작용이 일어나고, 우리는 선택을 한다. 어떤 때는 이성이 먼저고, 어떤 때는 감정이 먼저다. 어느 쪽이 앞서느냐는 늘 바뀐다. 정서지능을 제대로 활용하려면 이성과 감정 사이의 상호작용을 제대로 이해야만 한다. 그것이 중요한 열쇠다. 이것은 생각보다 복잡하다. 감정이 에스컬레이션되는 과정에서 하나의 원인에 따라 하나의 상호작용만 일어나는 것이 아니기 때문이다. 이는 수많은 생각과 감정, 행동들로 이루어진 어떤 복잡한 시스템 혹은 흐름 안에서 서로가 서로에게 영향을 미친 결과다.

그리고 뇌 속 변연계는 다른 사람들로부터 오는 정보들을 활발

:감정처리

"감정을 통제해라.", "분노, 기쁨, 두려움 같은 감정을 억제해라.", "의사결정할 때 감정을 배제시켜라."라는 말을 자주 들어왔다. 그러나 사실 감정은 우리에게 통찰력과 에너지를 주고, 거의 모든 의사결정에 꼭 필요한 토대다.

리더가 뛰어난 감정처리능력을 가졌다면, 감정 속에 들어 있는 에너지와 정보를 이용해 지혜를 발견해낼 수 있다. 감정처리능력은 자기관리와 자기통제를 위해서도 반드시 필요한 능력이다. 또한 이것은 감정해석력과 함께 '내적 앎'(inner knowing, 직감 또는 직관이라고도 한다.)의 핵심요소이기도 하다. 감정처리능력이 부족한 사람은 특정한 감정에 매몰되거나 주체하지 못해서 스스로 감정을 무시하거나 소외시킨다. 그러면 결국 차갑거나 불안정한 사람처럼 보이게 된다.

히 찾기 때문에, 우리는 주변 사람들의 생각, 감정, 행동에 의해 큰 영향을 받는다. 그렇다고 남들의 변덕 때문에 피해를 입는다는 뜻은 아니지만, 그만큼 서로 긴밀하게 연결되어 서로 영향을 주고받는다는 뜻이다.

현대 사회는 감정을 하찮게 여기고, 무시하거나 축소시키고 비난하기까지 한다. 그래서 많은 사람들이 감정을 드러내지 않으려 하고 심지어 자신에게 감정이 있다는 사실조차 인정하지 않으려 한다. 사람들은 인지사고를 '고차원적 사고'라고 부르기도 하는데, 이는 한때 과학자들이 혼란을 주는 감정보다 합리적인 인지사고 과정이 더 높은 차원에 있다고 여겼기 때문이다. 다행히 지난 10여 년간 큰 변화가 있었고, 이제는 점점 더 많은 사람들이 감정에 대해 재평가했다. 덕분에 감정이 가진 가치도 제대로 평가받게 되었다.

먼저 감정을 제대로 인식해야 한다. 감정을 제대로 다루지 못하면, 여러 가지 문제가 생긴다. 또한 감정은 그 자체로서 가치가 있다. 안토니오 다마지오 박사는 자신의 저서 《일어나는 일에 대한 감정The Feeling of What Happens》에서 한발 더 나아갔다. 우리의 의식은, 그러니까 우리의 생각에 대한 인식은 감정에 의해 만들어진다고 말한 것이다. 한 인터뷰에서 그는 이런 말을 했다.

"당신의 삶은 한 편의 영화와 같은데, 당신이 그 영화를 보고 있다는 사실을 아는 것이 당신의 의식입니다. 그리고 당신 삶에 대한 의식을 만드는 게 또 바로 당신의 감정들입니다. 감정이 없다면 우리 삶에서 중요한 것이 무엇인지, 우리가 해야 할 일은 무엇인지에 대한 나름대로의 관점을 모두 잃게 됩니다."

대부분의 사람들은 "감정이 명료한 사고를 방해한다."고 '알고' 자랐고, 그러므로 감정을 한옆으로 제쳐둬야 한다고 배웠다. 때문에 감정에 귀 기울이는 일은 한층 더 힘들다. 그리고 감정에 귀를 기울이려면, 감정처리능력을 키워야 한다. 감정을 '통제'하는 게 아니라 감정에 귀 기울이고, 이해하고, 변화시켜야 하는 것이다. '감정처리'의 목표는 합리적인 것과 감정적인 것 사이의 제휴 혹은 연합이다. 분수대의 물과 석구의 연합처럼 말이다. 물이 없다면 석구는 옴짝달싹 못 하고, 석구가 없으면 물은 그저 웅덩이에 지나지 않는다. 석구분수대에서 얻을 수 있는 교훈을 2가지로 정리해보았다.

1. 물의 강한 힘은 그 부드러운 지속성에서 나온다.
2. 때론 옴짝달싹 못 하다가도 어느 순간 제대로 돌아갈 수 있다.

부드럽고 지속적으로 흐르는 것의 놀라운 힘

무엇이 물을 강하게 만드는가? 분수대가 제대로 작동될 경우,

물은 꾸준히 흐르며 석구에 고른 압력을 주고, 계속 움직이고 변한다. 물이 부드럽게 지속적으로 나오기 때문에 물도 석구도 밖으로 튕겨나가지 않는다. 만일 내가 선택할 수 있다면, 나는 석구분수대의 물처럼 균형 잡힌 방식으로 이런저런 감정을 경험하고 싶다. 그러한 방식을 받아들이는 것만으로도, 실제 감정을 경험하는 데 큰 도움이 된다. 내 선택의 장단점을 미리 보거나, 내가 뭘 선택하고 있는지를 알 수도 있다. 감정을 '선택'하는 데는 다음과 같은 3가지 차원이 있다.

1. 감정이 자연스레 흐르거나 변화하게 할 수도 있고, 하나의 감정에 푹 빠져 계속 같은 감정들을 재현할 수도 있다.
2. 자연스레 어떤 감정을 경험할 수도 있고, 그 감정을 억누를 수도 있다(결국 그 감정이 튀어나올 때까지).
3. 감정이 부드럽게 흐르게 할 수도 있고, 그 감정을 휘둘러 다른 사람들을 다치게 할 수도 있다.

군이 여러 감정을 경험하는 '획기적인 순간'을 기다릴 필요가 없다. 지금 당장 다음 페이지에 나오는 감정의 3가지 차원을 살펴보라. 당신은 지금 각 축의 어디에 있는가?

위에 있는 3가지 축을 토대로 경험하고 활용한다면, 감정을 더

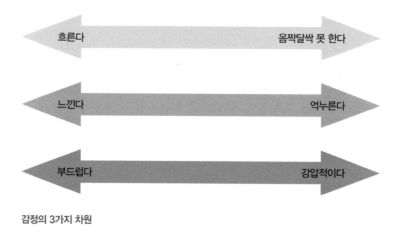

흐른다 ⟷ 옴짝달싹 못 한다

느낀다 ⟷ 억누른다

부드럽다 ⟷ 강압적이다

감정의 3가지 차원

효율적으로 다룰 수 있다. '위험 탐지용 레이더'처럼 당신의 감정들이 어떤 식으로 기능하는지 관찰해보자.

저항감이 들거나 감정이 느껴지지 않을 때

감정을 경험하고 활용하는 이런저런 방법들을 탐색하다 보면, 특정한 감정에 다가가거나 그 감정을 느끼는 것에 저항감이 생길 수도 있다. 아니면 특정한 감정이 그르거나 나쁘거나 위험하다는 것을 배우게 될 수도 있다. 감정이 실제로 그르거나 나쁘거나 위험하다는 뜻은 아니지만, 모두가 그렇게 믿을 수밖에 없는 없는 상황으로 내몰리는(예를 들어 특정한 감정과 관련해서 심각한 갈등을 겪는다거나, 어떤 감정을 특정한 방식으로 느끼면서 다른 사람들로부터 비난을 받는다든가 하는) 일은 얼마든지 일어날 수 있기 때문이다.

왠지 불안하고 의심스러운 채로 감정을 제대로 경험하기란 쉽지 않다. 감정을 관장하는 뇌는 온통 안정에 대한 걱정뿐이다. 그래서 당신이 뭔가 '불안정한 감정'에 몰입하려 할 때 뇌는 저항한다. 예를 들어 당신이 슬픔이라는 감정과 관련해 뭔가 유쾌하지 못한 경험을 했다고 치자. 그러면 당신은 슬픔을 위험에 결부시킨다. 그리고 슬픔을 위험이라고 '알게' 된다. 그렇게 되면 슬픔을 아예 피하려 한다.

이제 선택의 3가지 차원에 대해서 알게 되었고, 그래서 슬픔이란 감정을 제대로 느껴보는 시도를 스스로 해볼 수도 있을 것이다. 하지만 그럼에도 불구하고 슬픔만은 피하려 들 수도 있다. 슬픔이란 감정을 느껴보려 애써봐도 그 감정이 당신에게서 빠져나가버리는 것이다.

누군가를 깎아내리거나, 억지 부리거나, 공격적인 모습을 보이거나, 한발 물러서는 등, 사람들은 믿을 수 없을 정도로 저항을 잘한다. 기름이 번질번질한 유리판 위를 손가락으로 꾹 누르려 하는 것과 비슷하다. 한 지점을 누르려 하지만 손가락이 자꾸 미끄러진다.

만일 당신이 직접 감정을 느껴보는 연습을 하고 있다면, "그런

: 내적동기부여

우리가 만일 동기부여를 위해 외부로부터 도움을 받는다면, 우리는 늘 다른 사람들에게 의존해야 한다. 그러나 이 '내적동기부여' 능력을 활용할 경우, 스스로 동기부여 방법을 찾아내 의욕을 북돋을 수 있고, 지속적으로 변화하고 성장할 수 있다.

리더는 더더욱 내적동기부여 능력이 필요하다. 독려해줄 윗사람이 없으므로 일하는 데 필요한 에너지를 스스로 공급해야만 한다. 이 능력이 뛰어난 사람은 주위 사람들에게 휘둘리지 않고 자신의 비전을 밀고 나갈 수 있다. 반면, 이 능력이 없는 리더는 늘 사람들로부터 인정받거나 확인받으려 한다. 그러다 보면 구성원들에게 나약하고 수동적인 사람이라는 인상을 준다. 결국 내적동기부여 능력이 뛰어난 리더일수록 리더십 또한 뛰어나다.

연습이 다 무슨 소용 있냐?" 하며 의문을 제기하는 것도 예상 가능한 저항 중 하나다(그러면서 당신은 이렇게 중얼거리는 소리를 들을 것이다. "이건 바보 같은 짓이야! 난 이런 감정들을 제쳐두고 하던 일을 해야 한다고!" 사실일 수도 있고 아닐 수도 있지만, 어쨌든 당신 자신의 저항인 것은 분명하다). 그래서 당신 자신의 저항을 알아내고, 목표에 다시 집중하지 않는 한 이 고비를 넘길 수 없을 것이다.

'스스로 선택하라' 단계에서는 '내적동기부여' 능력이 아주 중요하다. 내적동기부여 능력 덕분에 우리는 어떤 감정이 불편하거나 당혹스러워도 계속 목표에 충실할 수 있다. 또한 "다른 사람들은 어떻게 생각할까?"에서 "내 입장에서 옳은 게 무엇인가?"로 관점이 바뀐다. 당신이 현재 리더이거나 앞으로 리더가 되고 싶다면, 당신은 아마 이미 내적동기부여가 상당히 잘되는 상태일 것이다. 그리고 앞으로 하고자 하는 일은, 어떻게 다른 사람들에게도 그런 동기부여를 시켜줄 것인지, 또 어떻게 힘과 통제력을 굳건히 지키면서 진정으로 자립적이면서 상호의존적인 관계를 맺을 것인지 그 방법을 찾는 일일 것이다.

잊지 말아야 할 것이 하나 있다. 타인에 대한 통제력을 고집하는 한, 당신은 그들 스스로가 자신의 선택에 책임지는 걸 방해하는 것이다. 결국 그들은 무슨 일이 생기든 모든 책임을 당신에게 떠넘길 것이다. 당신이 타인에 대한 책임을 더 많이 떠맡으면 떠

맡을수록, 그만큼 더 그들은 스스로를 책임지지 않는다. 동시에 그들 사이의 권력투쟁에 발목을 잡히고 만다.

이럴 경우 리더는 엄청난 도전에 직면한다. 사람들은 전부 답과 방향을 제시해주길 바라며 당신만 바라본다. 그리고 실제 당신이 그런 답과 방향을 제시해줄 수도 있다. 그러나 그런 식으로 당신이 모든 걸 떠안을 경우 사람들의 의존성만 키우게 된다. 그러니 직장 내에서 당신의 인간관계가 어떤 식인지 돌아보라. 당신은 사람들에게 복종하길 요구하고 있는가, 아니면 내적동기부여를 해주려 애쓰는가?

감정방정식을 잘 풀어내는 법

수년 전 나는 한 유명한 심리학자에게 메일을 보내, 그의 메일 수신자 명단에 있는 사람들에게 우리가 개최하는 한 컨퍼런스에 대한 개최소식을 공지해줄 수 있느냐고 부탁했다. 그러자 그는 이런 내게 답장을 보내왔다. "감정은 비합리적인 데다 논리적인 분석을 방해한다는 걸 모르는 사람이 없습니다. '정서지능' 운운하는 아이디어는 전부 모순이죠."

돌이켜보면 바로 여기에 답이 있다. 수학문제를 풀면서 실수해본 적 없는가? 그런 실수를 했다고 해서 수학적 지능이 모순인가? 우리는 모두 정서지능을 갖고 있다. 물론 그렇다고 해서 모든 사람의 정서나 감정이 '지능적'이란 얘기는 아니다.

나는 종종 이런저런 감정 때문에 주눅 들거나, 지나치게 과민하게 굴거나, 그저 혼란스럽기만 할 때가 있다. 이처럼 모든 감정이 매 순간 도움이 되는 것은 아니다. 또한 모든 사람이 그 차이를 잘 아는 것도 아니다. 이러한 정서지능을 연구하고 사람들이 잘 활용할 수 있도록 손보고 다듬는 게 바로 내 일이다. 대수학을 배워서 방정식을 풀듯이, '감정방정식' 역시 잘 푸는 방법을 살아가면서 얼마든지 배울 수 있다.

감정에 지능이 있다는 것이 무슨 의미일까? 우리가 무언가를 결정할 때 감정이 중요한 정보와 '힘(또는 영향력)'을 준다는 뜻이다. 감정은 우리에게 예리한 통찰력, 그러니까 우리 내면은 물론 인간관계에서 일어나는 일들에 대한 정보를 준다. 감정은 지혜로운 물과 같다. 감정을 억누르거나 무시하면 그 정보를 차단할 수도 있다. 반대로 감정을 몽둥이처럼 휘둘러대거나, 극단적으로 치닫게 하거나, 감정 속에 푹 파묻혀버리면 홍수가 난 것처럼 감정이 주는 지혜와 정보를 전부 잃을 수도 있다. 어느 쪽이든 문제는 우리가 감정에 귀 기울이기보다 감정을 조종하고 휘두르려 한다는 점이다. 감정이 물처럼 자연스럽게 흐르게 내버려두는 연습을 하면 감정에 대한 깨달음이 생겨나게 되고, 그 깨달음을 통해 통찰력을 얻게 될 것이다.

싸울 것인가, 흐를 것인가

사람들과 갈등할 때마다 우리는 마치 신념이나 존재의 핵심 같은 것에 위협을 받기라도 하는 것처럼 상황을 아주 심각하게 받아들인다. 그래서 경계심을 높이고 당장이라도 맞붙어 싸울 태세를 갖춘다. 나 역시 그렇다. 하지만 나는 그럴 때마다 석구분수를 떠올린다. 그러면 선택은 뻔하다. 싸울 것인가 흐를 것인가. 둘 중 어느 쪽을 선택하든 대가도 있고 이익도 있으며, 도전도 있고 기회도 있다. 만일 흐르는 쪽을 선택한다면 즉시 갈등이나 분란이 어리석은 일로 보인다. 물론 그 갈등이나 분란이 중요한 일일 수도 있지만, 분명 엄청나게 심각한 일은 아닌 것이다.

석구분수처럼 살아가는 건, 원초적인 두려움들을 떨쳐버리는 일과 같다. 평생 계속해야 한다. 원초적인 두려움들은 외부, 특히 남들의 인식이나 판단과 밀접하게 관련된 두려움이다. 그래서 당신이 '내적동기부여'를 제대로 할 수 있다면, 이 원초적 두려움들은 저절로 줄어들게 되어 있다. 그러나 당신은 평생 동안 감정을 당신만의 특정한 방식으로 다루어가며(억누르거나 무시하거나 폭발시키거나 여과 없이 드러내며) 자신을 지키며 살아왔다. 그러므로 감정을 보는 관점과 다루는 방식 등을 바꾸려면 어느 정도 시간이 필요하다는 것을 인정해야 한다. 그러기 위해 다음과 같은 중요한 몇 단계를 거쳐야 한다.

- 유유히 흐르는 것이 유약한 것이라는 믿음을 버려라. 장대한 산도 냇물에 의해 파인다.
- 감정을 제대로 느끼면 그 감정에 매몰될 것이라는 두려움을 버려라. 물 위에 유유히 떠 있는 돌을 보라.
- 다르다는 것에 대한 두려움을 버려라. 바다 속 암초 위에 걸린 찬란한 무지개와 기쁨을 안겨주는 모든 다양한 것들을 보라. 남들에게 인기 있는 것이 아닌 당신 자신을 선택하라.
- 모든 걸 당장 알려고 하는 조급함을 버려라. 그 흔한 감기 치료법을 찾아내는 데 얼마나 오랜 세월이 걸리고 있는가?
- 잘못될 수 있다는 것에 대한 두려움을 버려라. 과학 발전을 위해 갈릴레오, 다빈치, 퀴리, 에디슨 같은 사람들이 얼마나 큰 위험들을 감수했던가? 그들은 모두가 불가능하다고 '알고' 있던 일을 해냈다.

당신의 감정은 늘 당신이 안전하길 바란다. 당신이 뭔가 강한 반응을 보일 경우, 그것은 당신의 몸의 일부가 불안감을 느끼고 있다는 메시지다. 다른 누군가가 강한 반응을 보일 경우, 그것 역시 그가 불안감을 느끼고 있다는 뜻이다. 그런 반응을 절대 과소

:낙관성발휘

낙천주의자는 현재를 뛰어넘어 미래에 대한 소유권까지 가질 수 있다. 생각과 감정을 적절히 조화시킬 수 있고, 좀 더 주도적인 신념과 태도를 가질 수 있다. 리더가 낙관성을 발휘할 경우, 혁신적인 문제 해결책을 찾아낼 뿐만 아니라, 리더 자신과 주위 사람들에게 활기를 불어넣어준다. 반면 비관주의에 젖은 리더는, 불신과 자기방어만 조장하고 조직의 활력을 오히려 떨어뜨려 혁신과 멀어지게 만든다. 게다가 연구결과 낙천주의자들은 대개 건강도 더 잘 지킨다.

평가하지 말고 세심하게 보살펴야 한다. 그다음에 당신 자신이든 상대방이든 그 불안감과 두려움을 현명하게 극복하도록, 위험을 무릅쓰고 배우고 성장하도록 도와주어라. 감정이 주는 압박감을 잘 활용해 석구를 물 위로 띄워올려보자.

에스컬레이터를 타고 다시 아래로

앞서 말했지만, '에스컬레이터 꼭대기'에 올라가 있는 위기상황은 단독으로 생각할 것이 아니라 연속성을 걱정해야 하는 위기다. 감정반응 사이클이 반복되면 점점 더 위험수위가 올라가게 되고, 그러다 중요한 반응을 보여야 하는 순간 싸우거나 달아나거나 경직되는 반응 중 하나를 택한다. 결국 내가 해온 선택의 결과로 에스컬레이터 꼭대기까지 오르는 것이다.

에스컬레이터 위로 올라가면, 사소한 문제로도 감정이 폭발한다. 무력해지거나, 무의식적으로 반응한다. 비전은 흐릿해지고 스스로 롤모델이 되기는커녕 방어적인 태도로 싸우거나 숨기만 한다. 결국 리더 역할을 제대로 수행하지 못하고 곤경에 빠지고 만다.

많은 관리자들이(아니, 어쩌면 대부분이) 너무 오랫동안 에스컬레이터 꼭대기에 올라와 있었는데도 자신의 스트레스가 폭발 직전이라는 사실조차 깨닫지 못했다. 그들은 에스컬레이터 맨 아래쪽에 내려와 있는 상태가 어땠는지 기억조차 못한다. 에스컬레이터의 3/4까지 올라가 있는데도 느긋한 태도를 취한다.

이처럼 리더의 스트레스가 높아진 상태에서는 리더뿐만 아니라 구성원 전체가 일정한 패턴을 보인다. 잘못된 결정을 내리고, 책임지는 사람이 없고, 사람들 사이에 커뮤니케이션이 사라진다. 조직 전체가 흔들리게 되는 것이다.

리처드 보야트지스Richard Boyatzis와 애니 맥키Annie McKee가 저서《마음을 움직이는 리더십Resonant Leadership》에서 말하듯이, 리더들은 '거듭나는' 연습을 해야 한다. 그러니까 정기적으로 에스컬레이터에서 내려야 하는 것이다. 'Know yourself 자신을 알라'를 실천했다면, 에스컬레이터를 오를 때 그걸 알아챌 수 있다. 그리고 또 'Choose yourself 스스로 선택하라'를 실천한다면, 매일매일 일에 온전히 집중하고 최선을 다할 수 있다.

이때 '거듭나는' 데 도움을 주는 것이 바로 식스세컨즈 정서지능 모델이다. 이런저런 감정을 인지하고, 선택 가능한 옵션을 확인하고, 당신 자신을 '목표'에 연결함으로써, 당신은 에스컬레이터를 타고 내려가 활력을 되찾게 된다. 자동적으로 그렇게 된다.

그러기 위해서 가장 중요한 능력을 하나만 꼽자면 '낙관성발휘'

능력이다. 우리가 스트레스를 받는 이유, 어쩌면 그 유일한 이유는, 스스로가 무력하다고 느끼기 때문인데, 낙천주의를 실천하면 그런 무력감을 떨쳐낼 수 있다. 무력감이나 극도의 피로감은 과로 때문인 경우도 있지만, 그보다는 스스로 선택권이 없다고 느끼는 데서 기인하는 경우도 있다. 스스로 아무것도 할 수 없다고 느끼는 건 정말 큰 문제다. 그럴 때마다 우리는 어마어마한 무력감에 빠지고, 그런 식으로 비관적인 사고의 악순환이 시작된다.

너 나 할 것 없이 사람이라면 누구나 낙천적일 때도 있고 비관적일 때도 있다. 비관적인 사고에 빠지면 문제가 더 커 보이고, 심할 경우 극복이 불가능해 보이기도 한다. 심리학자인 마틴 셀리그먼Martin Seligman 박사는 수십 년간 정신질환에 대한 연구하다 질병을 치유하는 것만으로는 충분치 않다는 사실을 알게 됐다. 어떻게 하면 심리학 지식이 개인을 행복하게 해줄 수 있을까 고민하던 그는 낙천주의에 대해 광범위한 연구를 했다. 그에 따르면 낙관성은 우리 스스로 기를 수 있는데, 낙천적인 사람들이 더 건강하고 더 오래 사는 데다, 성공할 가능성도 더 높고 결혼생활도 더 잘한다고 한다.

낙관성발휘의 비밀은 "절대 나아질 수 없을 거야.", "이게 모든 걸 망치고 있어.", "내가 할 수 있는 게 아무것도 없어." 같은 내면의 목소리에 이의를 제기하고 도전하는 데 있다. 또한 낙천주의는

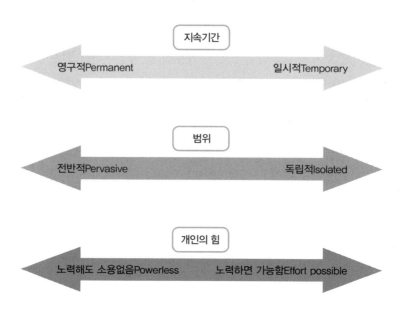

• 어떤 문제가 생겼을 때 혹은 성공이나 실패에 대해 설명할 때, 낙천적인 리더는 어떻게 접근할까? 낙관성발휘를 연습하려면 지속기간Duration, 범위Scope, 개인의 힘Power 의 3가지 요소를 살펴보자. 예를 들어 차사고가 났다고 상상해보자.

1) 그 문제가 얼마나 지속될까?
비관론자는 "부러진 갈비뼈가 회복되려면 오랜 시간이 걸려! 그리고 내 차는 예전 같지 않겠지. 아, 짜증 나!"라고 하겠지만 낙관주의자는 "부러진 갈비뼈가 회복되려면 몇 달 걸리겠구나. 꽤 길겠지만, 그래도 영원히 낫지 않는 건 아니잖아(일시적으로 보려는 노력)."라고 한다.

2) 문제를 얼마나 넓게 해석하느냐?
비관론자는 "아, 짜증 나! 차 고치기 전까지는 아무것도 할 수 없잖아. 내 삶 전체가 멈춰버렸어(삶 전체에 영향이 있다고 본다)."라고 하지만, 낙관주의자는 "당분간 운동을 못하겠네. 그 시간에 책을 더 봐야겠다. 글도 더 쓰고(사고는 사고일 뿐, 더 넓게 해석하지 않음)."라고 한다.

3) 문제에 대해 내가 할 수 있는 행동은 무엇인가?

비관론자는 "끔찍한 사건이야. 난 단지 기적을 바라고 있을 뿐 내가 할 수 있는 건 아무 것도 없어."라고 하지만, 낙관주의자는 "다음부터 더 조심해야겠네. 큰일 날 뻔했다. 내 자신을 돌아보는 기회가 됐어. 물리치료를 더 열심히 받아야겠다."라고 한다.

낙관성의 3차원

비관적인 생각을 가진 리더는 문제를 '영구적, 전반적, 노력해도 소용없음'(PPP)이라고 생각한다. 반대로 낙천적인 리더는 문제를 '독립적, 단독적, 노력하면 해결가능'(TIE)이라고 생각한다. 성공이나 실패에 관해서도 낙천적인 리더는 '독립적, 단독적, 노력해서 가능했다'(TIE)고 생각하지만, 비관적인 리더는 '영구적, 전반적, 노력해도 소용없음'(PPP)이라고 생각한다.

문제가 '일시적이고(곧 해결되어) 독립적이며(다른 일에 영향을 주지 않고) 노력을 하면 달라질 수 있다(아직 모든 노력을 한 건 아니지만).' 는 접근방식을 택한다. 그리고 이 3가지 측면을 다 고려하고 그 장단점을 볼 수 있게 해준다.

성공이나 실패, 일의 성취나 차질에 대해 생각할 때, 당신 자신이 어떤 단어들을 쓰는지(소리 내어 뱉는 말이나 속으로 하는 혼잣말) 잘 들어보라. 주어진 상황을 어떻게 설명하고 있는가? 낙천적인 목소리를 내고 있는가? 그게 아니라면, 이제 다른 방식으로 설명하도록 하라.

우리가 연구한 바에 따르면, 낙천주의는 리더십의 중요한 요소로 건강점수의 20.5%를 좌우했다. 그런데 '건강'에는 육체적 활력과 스트레스 관리가 모두 포함된다. 이제 리더의 집중력과 힘을 관리하는 데 왜 낙천주의가 반드시 필요한지 이해했을 것이다.

· 핵심개념

우리는 우리의 반응을 선택할 수 있다. 그 선택은 자신이 평정심을 잃었다는 경고신호를 인지하고, 평정심을 되찾는 일에서 시작된다.

· 참고자료

《일하는 뇌》, 데이비드 록 지음, 이경아 옮김, 랜덤하우스코리아, 2010.
《학습된 낙관주의》, 마틴 셀리그만 지음, 최호영 옮김, 21세기북스, 2008.

· 핵심연습

감정처리 : 감정을 '통제'하려 하지 말고, 오히려 그 감정들에 몰입하려 해보라. 스스로 감정을 느끼고, 감정에 귀 기울여라. 감정을 탐구하고 변화시켜보라. 그러자면 이 장에서 거론된 여러 가지 능력들이 필요하다.

성공보다 중요한 것

- 자신을 주어라 Give yourself

바쁜 것만으로는 충분치 않다. 바쁜 건 개미들도 바쁘니까.
중요한 건 이것이다. 당신은 무엇 때문에 바쁜가?
—헨리 데이비드 소로

한 투자회사의 회장인 조지George는 40여 개의 조직을 인수해 운영하는 팀을 이끌고 있다. 연간 60억 달러가 넘는 매출을 올리는 회사다. 이 회사는 대체 어떻게 그렇게 큰 성공을 거두게 됐을까? 조지와 파트너들은 과감한 결정을 내려 특별한 '목적'을 수행하기로, 그러니까 뭔가 큰 변화를 불러올 제휴관계들을 구축키로 결정했다. 조지는 처음엔 자신들도 아주 두려웠다고 한다(언젠가 그는 나에게 "만일 두렵지 않다면 무슨 일을 할 수 있겠습니까?"라고 말했다). 그렇게 '한가한' 목적을 가지고 어떻게 노회한 월스트리트 자본가들 속에 뛰어든단 말인가? 그런데 놀라운 일이 일어났다.

"우리는 그들을 만나 우리의 '목적'에 대한 얘기를 꺼냈습니다."

조지는 당시의 일을 이렇게 회상한다. "그랬더니 그 사람들이 갑자기 일어나 조용히 사무실 문을 닫더니, 우리가 한 제안이야말로 자신들이 늘 하고 싶었던 일이라며 뜨거운 관심을 보이더군요."

일상적인 행동들을 더 크고 궁극적인 목적에 연결시키면, 당신은 점점 더 호소력 있고 매력적인 리더가 될 수 있다. 그야말로 사람들의 마음과 정신을 사로잡게 되는 것이다.

일상적인 행동들을 '더 큰 목적에 연결시킨다.'는 것이 너무 고상하고 이상적인 말처럼 들릴 것이다. 일반적인 비즈니스 관점에서 보더라도 비현실적인 것처럼 보인다. 오늘날의 문화가 워낙 '나 우선주의'에 매몰돼 있기 때문에, 남을 위해 헌신한다는 건 꿈같은 얘기처럼 들릴 가능성이 높다. 더 큰 목적, 이상을 위해 헌신한다는 개념 자체가 무시될 수밖에 없다.

그러나 그간 내가 만나본 사람들은 거의 대부분이 '세상을 위해 뭔가 기여하고 싶다.'는 깊은 갈망 같은 것을 갖고 있었다. 물론 어딘가에는 그런 것에 전혀 관심이 없는 사람들도 있겠지만, 내 경우 아직 그런 사람을 만나본 적이 없다. 노련한 경영자들부터 이라크에서 막 돌아온 해병대 대원들, 뭔가를 성취하기 위해 몸부림치는 10대들까지, 그리고 또 슐룸베르거Schlumberger 사의 혈기왕성한 판매원들부터 자카르타의 엄마들까지 거의 모든 사람들이 이구동성으로 하는 말이 바로 '세상을 위해 뭔가 기여하고 싶다.'는 것이었다. 모두들 처음에는 그런 사실을 인정하지 않았고, 뭔가를 더 많이 갖고 싶다는 물욕 같은 것을 이야기했지만, 이런저런 질문을 던지며 좀 더 깊이 파고들기 시작하자 곧 내면에 숨어 있던 진정한 동기가 그 모습을 드러내곤 했다.

한번은 '내 목적은 오직 돈을 버는 것뿐'이라고 주장하는 한 여성 사업가와 얘기를 나눈 적이 있다. 그러나 그녀는 곧 자기 회사에서 판매하는 제품에 대해 이야기하면서, 세상에서 벌어지는 아름답고 마법 같은 일에 대해, 자신이 하는 일과 그 목적에 대해 두 눈을 반짝이며 열정으로 설명하기 시작했다.

나는 정말 엄청나게 많은 사람들과 대화를 나누며 이와 비슷한 일을 자주 겪었다. 이슬람 지도자, 노숙자, 군인, 과학자, 돈 때문에 일하는 판매원, IT 전문가 등, 그야말로 각계각층의 사람들과 대화를 해봤는데, 그들은 하나같이 자신의 동기나 목적은 뭔가를 변화시켜보자는 것이라고 말했다.

"당신은 무엇을 변화시키고 싶은가?"

쉬운 질문이 아니다. 이런 질문에 대해 이미 생각해봤을 수도 있고, 생전 처음 들어봤을 수도 있다. 어느 쪽이든 잠시 모든 걸 멈추고 진지하게 이 질문에 대해 생각해보라. 당신은 이 세상에 어떤 보탬이 되고 있는가? 100년 후 당신의 증손자들이 당신에 대해 이야기할 때, 당신이 남긴 유산이 무엇이라고 이야기하길 바라는가? 당신의 감정적 유산은 무엇인가?

이게 왜 중요한가? 리더십은 늘 말할 수 없이 복잡했지만, 오늘날엔 특히 더 그렇다. 과거와 달리 성공하는 것 자체가 하늘의 별 따기만큼 어렵다고들 한다. 지정학적 문제, 테러, 기후변화, 연료와 자재비용 증가, 급속한 기술발전, 숨 가쁘게 돌아가는 일상 속에서 개인이든 조직이든 살아남기 위해 몸부림치고 있다. 그런 와중에 당신은 사람들에게 좀 더 적은 것들로 좀 더 많은 것들을 해내라고 요구해야 하는 리더의 위치에 있다. 그들에게 대체 어떻게 그렇게 하라는 말인가?

한 건강관리회사의 최고경영자를 도운 적이 있다. 그 회사 직원들은 목적의식도 뚜렷했고 동기부여도 잘됐지만, 최고경영자의 우선순위는 늘 재정문제였다. 그는 이렇게 주장하곤 했다. "우리 직원들은 더 열심히 일해야 해요. 안 그러면 회사 문 닫아야 하거든요." 그러면서 그는 기회가 있을 때마다 내게 자기네 직원들은 회사 재정상태에 대해 신경도 안 쓴다고 불평했다. 그들의 관심사는 오로지 자신들이 돌봐주어야 하는 고객들의 건강뿐이었다. "고객들을 더 잘 돌봐야 해요. 그렇지 않으면 망하고 말 겁니다."

그는 '결핍과 두려움'에 빠져 있었고, 그래서 직원들도 그런 식으로 동기부여할 수 있다고 믿었다. 물론 그게 단기간에는 효과가 있을지도 모르지만, 시간이 지나면 괜찮은 직원들이 하나둘 경쟁사로 빠져 나가버린다. 정해진 목적을 달성하기 위한 직원들은 헌신한다. 그러한 헌신은 회사를 변화에 적응하게 해주는 강력한 힘이지만, 더 크고 본질적인 목적에 연결되지 않으면 건강한 조직풍토를 조성할 수가 없다. 그 회사는 결국 1년 후에 정말 문을 닫았다.

앞에서 사례로 소개한 올랜도 쉐라톤 스튜디오 시티 호텔의 경우는 정반대였다. 새로 총지배인이 된 그랜트 배넌의 임무는 호텔의 분위기를 완전히 쇄신하는 것이었다. 그는 천성적으로 거칠고 끈질긴 완벽주의자였고, '힘든 일을 시키는 역할'을 맡는 것을 그리 어려워하지 않았다. 그는 직원들은 물론 자기 자신에게도 아주 엄격했다. 솔선수범하는 리더였기 때문에 필요하다면 그 어떤 일도 마다하지 않았다. 하루는 단체고객이 한꺼번에 밀어닥쳤는데, 그는 지배인 3명과 함께 오전 내내 직접 침구를 교체하며 몸으로 뛰었다. 심한 관절염으로 고생하던 시기에 그런 솔선수범을 한 것이다.

결국 그랜트는 호텔의 분위기를 성공적으로 바꾸었다. 정서지능 리더십은 결국 '뛰어남'의 문제가 아니라 '진정성과 헌신'의 문제였다. 앞에서도 말했듯, 나는 그랜트와 그의 팀을 상대로 거의 1년간 정서지능 컨설팅과 훈련을 실시했다. 그 1년 동안 그들은 시장점유율을 24%나 올렸고, 역사상 최고의 고객만족도도 얻었다. 게다가 훈련을 마치기 2개월 전에는 전 세계 쉐라톤 호텔 가운데 고객만족도가 가장 높은 호텔로 선정되기도 했다. 그 놀라운 한 해가 저물 때 그랜트는 쉐라톤 스튜디오 시티 호텔의 전 직원 앞에 서서 그들의 노고를 치하했고, 그런 다음 바로 평소의 자신으로 되돌아가 이렇게 말했다. "하지만 이제 모든 걸 머릿속에서 지우십시오. 우린 정말 할 일이 많습니다. 새해의 표어는 '안주하지 말자!'입니다."

대체로 많은 리더들은 퉁명스럽고 가차 없는 스타일이어서 직원들과 소원한 편이데, 그랜트의 직원들은 좀 달랐다. 그랜트가 엄격한 사람이긴 하지만, 금전적인 성공보다 더 강력한 목적을 위해 이런저런 요구를 한다는 걸 잘 알고 있기 때문이다.

그랜트는 그야말로 순수한 배려심으로 움직이는 사람이었다. 그는 고객들이 극진한 대접을 받고 있다고 느끼길 바랐다. 영혼에 호소하는 듯한 그의 헌신적인 태도는, 호텔 통로를 걸어 다니는 모습만 봐도 전해져올 정도였다. 직원들은 그런 그를 진심으로 존경했고, 그래서 그의 이름을 입에 올릴 때면 애정을 담아 '미스터 그랜트'라 했다. 그들은 그랜트가 뭔가를 밀어붙인다면 그게 그만큼 중요한 일이기 때문이라는 걸 안다. 게다가 직원들과의 소소한 1대1 관계에서, 그는 고객을 좀 더 잘 보살피는 방법을 몸소 실천해서 보여준다. 어떻게 하면 호텔 종사자로서 임무를 다할 것인지를 솔선수범하는 것이다.

매일 그런 삶을 살기 때문에, 그랜트의 헌신적인 자세는 주위로 전염되었고 그 영향력은 엄청난 결과를 가져왔다. 그랜트는 몇 년 후에 내게 이런 메시지를 보내왔다. "모든 게 수시로 변하는 우리 분야에서 트렌드 역시 계속 변합니다. 하지만 우리는 지금까지 24개월 연속 시장점유율이 올랐고, 2003년에 비해 2005년 총매출은 최소 64% 이상 올랐습니다. 총 영업이익은 무려 429%나 올랐고요. 허리케인 피해와 석유 값 인상 등으로 지난 2005년 마지막 2분기 동안에는 상승세가 꺾였음에도 불구하고, 2004년에 비해 매출이 14.5%, 이익이 30% 올랐습니다." 2004년에 그랜트는 '올해의 총지배인' 상을 받았고, 그가 이끄는 영업 팀, 식음료 팀은 최우수 팀으로 선정됐다.

오늘날에는 순전히 돈을 벌기 위해 일하는 것은 그다지 매력적이지 못하다. 구성원들이 좀 더 의지를 갖고 노력하길 바란다면, 그러니까 헌신적인 노력으로 회사를 좀 더 세계적인 회사로 만들고 싶다면, 구성원들에게 좀 더 크고 근본적인 목적과 연결된 동기부여를 해주어야 한다.

마음을 움직이는 리더십

대니얼 골먼은 저서 《감성의 리더십》에서 '마음을 움직이는 리더십resonant leadership'에 대해 설명했다. 보살핌과 헌신을 통해 감정적 영향력을 강력하게 행사하는 리더가 바로 '마음을 움직이는 리더'라고 한다. 이런 리더들은 순전히 정서적, 감정적 연대감을 통해 사람들에게 더 깊이, 더 멀리 갈 수 있는 의욕과 동기를 북돋워준다. 이는 식스세컨즈 정서지능 모델의 3단계 중 'Give your-self 자신을 주어라'에 해당되는 내용이다.

혹시 당신은 '마음을 움직이는 리더'와 같은 방에 있어본 적이 있는가? 같이 있다는 사실만으로도 동기부여가 되고, 더 큰 목표를 갖게 만드는 그런 리더 말이다. 한번은 노벨평화상 수상자 여러 명을 만난 적이 있었다. 남아프리카공화국의 평화와 화해 운동을 이끈 데스몬드 투투Desmond Tutu 대주교, 자발적으로 코스타리카의 군대를 없애 중남미 평화정착에 기여한 오스카 아리아스Oscar Arias 대통령, 국제지뢰금지운동을 이끈 조디 윌리엄스Jody Williams와 자리를 함께했는데, 그때 무언가에 강하게 끌리는 느낌을 받았다. 진정으로 어떤 '뚜렷한 목적을 위해 사는' 사람은 중력처럼 강력하게 사람을 끌어당기는 힘이 있다. 그런 인물과 함께할 경우, 사람들은 그의 목적에 동참하고 싶어 한다. 이것이 바로 '마음을 움직이는 리더'가 갖고 있는 놀라운 영향력이다.

나는 지금 1990년대에 유행했던 '개인숭배' 스타일의 리더를 이야기하는 게 아니다. 마음을 움직이는 리더십은 화려한 지위나 과시적인 직함 같은 데서 나오는 게 아니다. 식스세컨즈 자문위원인 로버트 쿠퍼Robert Cooper는 이런 질문을 던진다.

"당신에게 직함도 없고 멋진 사무실도 없다면, 그런데도 사람들이 당신을 따르겠는가?"

만약 그렇다면 그들은 왜 당신을 따르겠는가? 내가 보기에, 그건 당신이 자신의 열정과 목적에 연결되어 있어, 사람들에게 '나도 저렇게 될 수 있다.'는 희망을 주기 때문이다.

우리에게 정서지능 개발 프로젝트를 의뢰한, 당시 미 해군 군종감이었던 로버트 버트Robert Burt 제독이 바로 그런 사람이었다. 그가 방 안으로 걸어 들어오면, 사람들의 눈은 그의 눈과 가슴으로 향했다. 그가 사람들 앞에 서서 메모도, 차트도 없이 잠시 얘기를 하면, 조국을 위해 목숨을 건 전사들의 영적 파워와 지혜가 느껴져 사람들은 절로 마음이 움직였다. 영혼을 울리는 헌신도 그의 장점 중 하나였다. 또한 그는 뛰어난 연설가이기도 했는데, 중요한 것은 화려한 언변이 아니라 말 아래에 숨겨진 혼과 가슴이었다.

내가 리더로서 성취하고자 하는 바가 바로 그런 모습이다. 직함이나 자리 때문에 리더 소리를 듣고 싶지는 않다. 내가 리더십을 갖고 있다면, 그건 내게 영향을 받은 다른 사람들이 내게 돌려준 것이다. 나는 전 세계를 무대로 활동 중인 식스세컨즈를 운영하고 있다. 직원도 몇 명 안 되지만, 우리가 하는 일이 중요한 일이기 때문에 전부 그 일에 전념하고 있다. 나는 그들에게 급여를 주는 것도 아니고, 뭔가를 좌지우지하는 힘 있는 자리에 앉아 있는 것도 아니다. 내가 가진 것은 영향력뿐이다. 그들은 나를 통해 뭔가를 느끼고, 또 내가 목표나 업무에 헌신하는 것을 본다. 이것이 사람들이 내게 선물한 영향력이다.

살아오면서 내가 받은 최고의 칭찬은 놈Norm이란 친구로부터 받은 칭찬이었다. 당시 우리는 새벽부터 밤늦게까지 쉬지 않고 일을 해야 했다. 그야말로 진이 다 빠질 만큼 어려운 프로젝트를 함께 진행했다. 나는 사외 컨설턴트였고 놈은 회사 중역이었는데, 우리는 많은 시간을 함께 보내며 수많은 과업과 시스템, 사람 문제를 조정하면서 업무과정의 틀을 하나하나 잡아나갔다.

나는 정서지능을 알리고 활용하는 법을 가르치며, 사람들에게 정서를 중요하게 여기며 살도록 도왔다. '자신을 알라'며 감정과 일어나는 일들을 있는 그대로 느끼고 받아들이라고 했고, 선택할 수 있는 옵션들을 확인해 '스스로 선택하라'고 했다. 그리고 마지막으로 조직의 존재목적과 미션으로 돌아와 그것에 자신의 선택을 연결시키라고, 즉 '자신을 주어라'라고 했다. 이러한 변화는 장기적으로 천천히 일어나기 때문에 지금 당신이 노력한 것이 얼마나 효과가 있을지는 알기 어려울 수도 있다. 그리고 동시에 해야 할 일이 너무 많아 모든 게 혼란스러울 수도 있다.

어느 날 밤늦게 차를 몰고 호텔로 돌아가는 길에 나는 놈과 이런 문제에 대해 얘기를 나누었는데, 그때 놈이 느닷없이 이런 말을 했다.

"조쉬, 당신은 정말 좋은 사람이고 훌륭한 리더예요. 당신을 위해서라면 난 불타는 건물 안으로 뛰어들 수도 있어요."

물론 100% 진심은 아니었겠지만, 감정적으로 내게 아주 큰 충격을 준 칭찬이었다. 우리는 어떤 목적을 중심으로 연결되어 있었고, 둘 다 정말 중요한 일을 하고 있었으며, 다른 사람들에게도 그렇게 하라고 청하고 있었다. 그리고 자신의 감정과 그대로 접촉하고 있었기 때문에(자신을 알라), 놈은 그런 감정을 감추기보다는 활용하기로 결심했고(스스로 선택하라), 공감과 목적을 가지고 그렇게 했다(자신을 주어라). 당시의 그 경험은 이후 여러 해 동안 내게 영향을 주었다.

사람들은 이런 식으로 서로 상호작용을 하면서 변화한다. 물론 나 역시 그렇게 변화되었다. 여러 해가 지났지만 지금도 나는 내 자신에게 진실해지기 위해 몸부림칠 때면, 놈이 말했던 '불타는 건물' 얘기를 떠올리곤 한다. 그처럼 무한한 신뢰를 받을 자격이 있는 사람이 되기 위해 애쓰고 있고, 그래서 어떤 결정을 내릴 때 그 결정을 나 자신의 궁극적인 목적에 연결해보곤 한다. 그렇게 함으로써 나는 사람들에게 앞으로 나아갈 수 있는 동기를 줄 수 있다.

그러나 분명히 말해서, 모든 의사결정을 목적과 연결시킨다는 것은 십중팔구 아주 힘든 일이다. 나 역시 가끔씩만 성공한다. 그러나 나는 야구선수들을 보며 위안을 얻는다. 아무리 세계적인 타자라도 공 10개 가운데 4개밖에 못 때리니까. 내가 만일 300개 이상 때려낸다면, 아마 메이저리그 타자가 되어도 될 것이다. 우리의 목표는 완벽이 아닌 성장이다.

그런데 왜 '공감'은 쉽지 않을까?

공감은 가장 강력한 정서지능 리더십 중 하나인 동시에 가장 힘든 도전과제이기도 하다. 공감이란 내 안에 다른 사람의 감정을 받아들일 공간을 만든다는 의미다. 감정적인 차원에서 상대방이 연결된 느낌을 갖고 안심할 수 있으며, 그가 이해받고 존경받는다고 느끼게 해주는 능력이다. 공감은 수용, 신뢰, 귀 기울임, 보살

: 공감활용

공감은 다른 사람들의 감정을 잘 알고, 그에 맞게 적절히 반응하는 능력이다. 공감능력이 높은 사람은 다른 사람의 감정과 경험을 평가나 판단 없이 그대로 받아들이는 인식능력이 높다. 그런 사람은 상대방에게 신뢰와 연결감을 준다. 특히 리더 입장에서 다른 사람들을 이해하고, 그들과 신뢰할 수 있는 인간관계를 구축해 지속적으로 유지해 나가려면 공감능력이 뛰어나야 한다. 공감능력이 없는 리더는 다른 사람들에 대한 통찰력이 떨어진다. 뿐만 아니라 자기중심적이고 차가운 사람, 신뢰할 수 없는 사람으로 비쳐진다.

핌 같은 감정을 동시에 느끼게 해준다. 판단하지 않고 인내하며 진지하다. 당신은 누군가에게 진정으로 공감을 느껴본 적이 있는가? 그게 당신에게 어떤 영향을 주었는가? 당신에게 공감해준 그 사람에 대한 신뢰와 헌신이 얼마나 높아졌는가?

그런데 공감능력에는 공감을 착각처럼 보이게 만드는 '아름다운 역설'이 존재한다. 만약 당신이 뭔가 원하는 게 있어서 혹은 그래야만 하는 이유가 있거나 다른 바쁜 일이 있어서 잠시 동안만 대화할 수밖에 없는 상황이라고 치자. 그러면 상대방은 속에 있는 말은 하지 않고 그냥 듣기만 할 것이다. 그렇게 되면 공감이 일어나지 않는다. 그만큼 공감은 예민하고 약해서 진실하지 못한 자세, 자기중심적인 태도로 다가가면 깨지게 되어 있다.

그러면서도 한편으로는 공감을 형성하는 것이 믿기 어려울 만큼 쉬운 경우도 있다. 인간은 공감능력을 타고났다. 그래서 태어난 지 몇 달 안 된 아기들도, 옆에 슬퍼하는 사람이 있으면 따뜻한 손길을 내민다. 타인의 괴로움이나 기쁨을 보면 자연스럽게 나오는 반응인 것이다. 따라서 그저 자신만의 세계에서 빠져나오면 된다.

내 경우 공감능력을 갖기 위해 무진장 애를 써야 했다. 나는 참을성이 없고, 결과 지향적인 사람인 데다 강렬한 감정은 왠지 두려웠다. 그래서 가만히 앉아서 상대방의 감정을 느끼기까지 많은 훈련을 해야 했다. 내 경험에 의하면, 공감을 좀 더 잘하는 방법은 의외로 간단했다. 그저 입을 다물고 귀와 가슴을 열면 됐다. 다시 말하지만, 공감은 일종의 '자신을 주는 행위'로 다른 누군가를 위해 어느 정도 자신을 희생할 때 비로소 공감이 형성된다. 제대로 된 공감능력을 가지려면 헌신적인 자세가 필요하다는 뜻이다.

공감능력은 누군가가 직면하고 있는 도전과 고통을 인지하는 과정에서 커질 수 있다. 공감은 우리 자신을 타인과 연결시켜주는 가이드로, 사람들끼리 협력을 이끌어내주는 역할도 한다. 또한 공감은 좀 더 위대한 선의를 위해 헌신하고자 하는 결심을 뒷받침해 준다. 자기중심주의라는 독을 없애주는 해독제이기도 하다.

나는 일상생활에서 내가 좀 더 높은 공감능력을 보이면 좋겠다고 종종 생각한다. 그런데 가끔 다른 사람들과 마음이 맞아 공감할 때보다 사람들 때문에 짜증 날 때가 더 기분 좋다(잠시이긴 하지만). 그게 무슨 말인지 의아할 것이다. 예를 들어 한번은 협상을 하는 데 타협점을 찾지 못해 무지 애를 먹었다. 나는 갑자기 좌절감도 들고 화도 나서 방어모드로 돌입했다. 그리고 상대가 나를 이용하려 한다는 생각이 들자, 모든 것을 상대방 탓으로 돌리기 시작했다.

상대가 내 말에 귀 기울이지 않는다는 생각이 들 때, 내가 흔히 보이는 패턴은, 상대방의 주장을 깎아내리고 존재감을 축소시키면서 내 관점이 옳다는 걸 지지해줄 우군들을 끌어 모으는 것이었다. 이렇게 말하는 게 좀 괴롭긴 하지만, 나는 그렇게 상대방을 되받아칠 때 기분이 좀 좋았다.

어쨌든 그럴 때 나는 속으로 상대방이 지금 나를 이용하려 하고 있다고, 고마운 줄도 모르고 내 말에 귀 기울이지 않는다고 중얼거렸다. 그러면서 내가 상처받는 게 두려워서, 상대방에게 먼저 더 빨리, 더 심각하게, 더 깊은 상처를 주려고 했다. 이런 충동은 희생자가 되지 않겠다는 본능적인 욕구에서 나오는 것이다. 그럴 때 나는 그런 두려움을 이용해 내 자아가 행동에 나서게 한다. 고개를 치켜들고 오만한 자세로 나가는 것이다. 그때부터 나는 나 자신이 아주 강한 척, 현명한 척, 없어선 안 될 인물인 척한다. 그런데 아이러니컬하게도, 그런 행동 때문에 오히려 나는 내 반응패턴에 희생된다. 그런 행동을 통해 상대가 나를 이용하려 한다는 믿음이 더 굳어지기 때문이다. 그리고 내가 옳다는 감정을 강화하기 위해, 상대로부터 공격당하고 있다는 믿음을 더 굳히는 것이다.

바로 이런 순간에 묘한 사이클이 시작된다. 나의 한 친구는 그걸 '멍청이 관성jerk-inertia'이라 불렀다. 멍청이 같은 행동을 하면서 그 행동이 옳다고 느끼고, 그래서 계속 그런 행동을 반복한다는 것이다. 그런데 그 '멍청이 관성'이 쌓이면 정말 더 큰 문제가 생긴다. 내가 상대방보다 더 옳다는 것을 입증해 보이기 위해 내 자아를 지키기 위한 행동을 반복하게 되고, 그러면서 내가 희생자이고 옳다는 생각을 점점 더 즐기게 되는 것이다. 그러다 그런 행동을 멈추면 곧바로 이중으로 손실이 발생한다. 첫째, 내가 갖고 있다고 착각했던 나의 '힘과 옳음'을 잃는다. 둘째, 내가 해온 멍청이 같은 행동이 정말 멍청했다는 것을 깨달아 괴롭고, 그런데도 그런 행동을 계속 더하게 된다.

게다가 말도 안 되는 멍청한 실수들을 거듭하면서 진정한 내 목표로부터 점점 멀어지고 있다는 자괴감까지 밀려와 마음속에서 비명이 터져나온다. 멍청이 같은 행동을 반복할 때마다('멍청이 관성' 때문에 그 횟수는 점점 늘어난다.) 나는 점점 더 깊은 늪에 빠져들고, 나와 의견이 다른 사람들을 제대로 이해하는 건 점점 더 어려워진다. 결국 나와 상대방은 둘 다 상대의 허점을 노리며 링 위를 하염없이 도는 권투선수가 된다.

이 같은 늪에서 빠져나오는 데 도움을 주는 것이 바로 '호기심'이다. '다른 사람들한테는 대체 무슨 일이 일어나고 있는 걸까?' 이런 호기심을 가져보는 것이다. 그러면 남을 이해하려 애쓰면서 공감능력이 생기기 시작한다. 호기심을 가지면 주위 사람들을 이해하는 데 도움이 될 단서들을 찾기 때문이다. 사람들의 말을 귀 기울여 듣고, 그들의 몸짓, 표정, 습관적인 행동을 유심히 관찰하면서 새로운 관점이 생긴다.

나는 정말 다양한 집단을 상대로 커뮤니케이션 퍼실리테이터(촉

진자라는 뜻 - 옮긴이)로 일해왔다. 사람들 사이의 커뮤니케이션을 향상시키기 위해 서로 이해하는 방법을 찾도록 도와주는 활동인 데, 그럴 때 유용하게 활용하는 능력은 딱 2가지다. 첫째는 질문을 던지는 능력이고, 둘째는 바로 공감능력이다.

다양한 그룹을 만나다 보면, 사람들은 종종 내게 이런 질문을 한다. "어떻게 사람이 불안감 없이 서로 마음을 터놓고 얘기하게 만드시죠?" 솔직히 말해 나는 인내심이 부족한 편이라 뭐든지 즉시 해결책을 찾고 행동에 옮기는 걸 좋아한다. 하지만 그러면서도 사람들의 감정에 대해서는 극도로 조심스럽게 다가간다. 어쩌면 뛰어난 상상력 덕분인지도 모르겠다. 나는 다른 사람의 입장에서 어떤 상황이나 사물을 보는 경우가 많고, 그래서 상대방이 느끼는 것을 아주 비슷하게 느낀다. 그렇게 해보니 공감능력이 좋아졌다. 그리고 그렇게 공감한 후에 움직일 때 효율도 훨씬 더 높아졌다.

내가 해줄 수 있는 최고의 조언은 목표를 분명히 하라는 것이다. 누군가와 장기적인 파트너십을 구축하고 싶다면, 늘 그의 입장과 관점에서 상황을 보도록 노력해야 한다. 그렇게 높아진 공감능력은 지속적으로 문제해결책을 찾아주는 열쇠가 된다.

공감의 5단계

식스세컨즈의 대표이기도 한 애나벨 젠슨 박사는 공감능력이 매우 뛰어난 사람인데, 그가 개발한 공감능력을 향상시켜주는 5단계를 소개하겠다.

1. 신체언어 인식

우리에게는 다른 사람의 감정을 알려주는 징조 또는 신호를 감지하는 능력이 있다. 감정이해력과 마찬가지로, 이 신호들을 통해 우리는 다른 사람들의 감정세계에 대한 통찰력을 기를 수 있다.

2. 귀 기울여 듣기

듣는 법을 향상시키기 위한 훈련은 대개 '아이디어에 귀 기울이는 법'에 집중되어 있다. 거기서 한 발 더 나아가 다른 사람의 가슴에 귀 기울여보라. 상대가 지금 말이 아닌 다른 비언어적인 수단으로 무엇을 말하고 있는지 살펴보라. 상대의 말을 잘 들으려면 당신의 입은 닫아야 한다. 그것이 바로 사람의 눈은 2개고 입은 1개인 이유다.

3. 아픔에 주목하기

공감능력이 뛰어난 사람들은 상대방의 말과 태도 속에 감춰진 감정적인 아픔 같은 걸 느낀다. 사실 아무리 애써도 상대의 아픔을 똑같이 느낄 수는 없다. 하지만 비슷하게 느낄 수는 있다. 예를 들어 당신에겐 자식이 없는데 누군가가 자식을 잃은 아픔에 괴로워하고 있다면, 가족이나 친한 친구를 잃었을 때 느꼈던 아픔을 떠올릴 수 있으니까 말이다.

4. 언어적 반응

상대방이 하는 말에 그대로 말로 반응하라. 그리고 상대방의 경험을 있는 그대로 받아들여라(설사 그와 생각이 다르다거나 그의 행동이 이해되지 않는다 하더라도, 그에게는 자신의 생각과 행동이 중요하다.) 그러나 절대 "당신이 지금 어떤 일을 겪고 있는지 저도 잘 압니다." 하는 식으로 말하지 말라. 당신은 절대 모른다.

5. 행동적 반응

공감능력은 말로만 끝나지 않는다. 진정으로 공감한다면 행동으로까지 이어지게 돼 있다. 그 행동이라는 것이, 그저 잠깐 더 같이 있어준다거나, 상대방을 쳐다봐 준다거나, 부드럽게 미소 지어주는 정도여도 좋다. 공감에서 나오는 행동은 그런 것이다. 당장 어떤 문제를 해결해준다는 게 아니라 감정적으로 연결된다는 뜻이다. 당신의 문제도 아닌 그 문제를 '해결'해주겠다고 달려들지 않도록 조심하라.

목적을 아는 사람은 길을 잃지 않는다

'목적'을 추구하는 것은 분명 리더십의 중요한 일부분이지만, 대체 그게 정서지능과 어떤 관련이 있을까? 감정에 대해 연구하는 사람들은 2종류의 감정관리에 대해 이야기한다. '표면행위surface acting'는 당신이 스스로 어떤 충동을 억누르려고 하는 의지적 노력이다. 예를 들어 누군가에게 화가 나서 소리를 빽 지르고 싶은데, 그 충동을 억누른 채 조용히 정중한 말을 내뱉는 식이다. 표면행위는 사회생활을 할 때 꼭 필요한 행위다. 특히 아시아에서는 그런 행위가 문화적 의무사항인 경우도 많다. 표면행위는 사람 간의 관계를 '매끄럽게' 해주지만, 그에 따른 대가도 있다.

첫째, 표면행위를 하려면 일종의 '감정노동'이 필요하다. 스트레스도 유발한다. 그래서 표면행위를 너무 많이 하다 보면, 정서적으로 에너지가 너무 빨리 소진되어 리더십을 발휘할 수 없게 된다. 둘째, 당신이 마음에도 없는 행동을 하고 있다는 걸 알 만한 사람은 다 안다. 사람들은 자신이 거짓말을 능수능란하게 잘한다고 생각하지만, 사실 거짓말을 진짜로 잘하는 사람은 별로 없다. 앞에서 폴 에크만의 미세표정 이야기를 잠깐 했는데, 사람들은 표정으로 감정 메시지를 또렷하게 드러낸다. 누구나 알아차릴 수 있게 말이다.

식스세컨즈 정서지능 프로그램 과정에서 우리는 종종 참가자들에게 좌절감을 안겨주는 상황을 경험하게 하고 비디오로 촬영한다. 참가자들에게 그 영상을 다시 보여주면서 그때 어떤 감정을 느꼈는지 물으면 대개 자신의 감정을 최소화해서 대답한다. "글쎄요, 기분이 좀 나쁘고 속상했던 것 같아요. 하지만 잠시뿐이었어요." 하고 말이다. 그러면 우리는 다시 슬로모션으로 되돌려 보여주는데, 마음이 심하게 상했다는 것이 얼굴표정에 또렷하게 드러나는 것을 확인할 수 있다.

이처럼 표면행위를 통해 감정을 억제할 경우 진이 빠질 뿐 아니라 신뢰도도 떨어진다. 사람들이 당신의 자기통제력에 존경을 표할지 모르지만, 당신의 행동이 속마음과 다르다는 것 역시 정확히 안다.

표면행위의 대안은 '내면행위deep acting'다. 내면행위를 하려면 실제로 감정이 바뀌어야 한다. 이를테면 좌절감을 고마움으로, 조바심을 공감으로, 비판적인 감정을 호기심으로 바꾸는 것이다. 이런 일은 순식간에 저절로 일어날 수도 있고, 상당한 감정노동이 필요할 수도 있다. 그렇게까지 에너지를 써야 할 만큼 가치가 있는 일일까? 내면행위의 장점은 잃어버린 에너지를 되찾고, 주위 사람들이 당신을 신뢰하게 만든다는 것이다. 그런데 어떻게 하면 그렇게 될까? 이때 '목적'은 아주 효과적인 툴이다.

맨 처음에 이야기했던 투자회사의 경영자 조지 이야기를 떠올려보자. 조지는 대단히 지적인 사람이지만 참을성이 정말 없었다. 그래서 누가 옆에서 짜증 나게 굴면, 바로 그 사람에게 말 폭탄을 퍼붓곤 했다. 그런 반응을 억누르는 법을 배웠지만, 짜증 나는 순간에는 아무 소용없었다.

그러다 목적을 개발하면서 평상시의 패턴에서 벗어나게 된다. 그의 목적은 '다른 사람을 좋은 사람으로 보는 것'이었다. 그러니까 모든 사람의 좋은 면을 봄으로써 타인에 대한 비판을 줄이고, 자기 자신과 다른 사람들이 최선을 다할 수 있게 지속적으로 뒷받침을 해주려 노력한 것이다. 그 결과 조지는 곧 조바심과 비판적인 감정을 호기심과 공감으로 바꾸었다. 마치 내면의 전등 스위치를 켠 것처럼 태도 자체가 완전히 달라졌다.

목적을 통해 완전히 변화한 대표적인 인물이 바로 넬슨 만델라이다. 그는 거의 평생 박해 받고 투옥생활을 했지만, 분노나 두려움 같은 감정에 매몰되지 않았다. 물론 그 역시 살면서 수시로 그런 감정들을 겪었겠지만, 그에게는 자유롭고 공정한 국가를 다른 사람들과 함께 창조하겠다는 목적이 있었고, 그래서 그런 감정들을 사람을 끌어당기는 힘으로 변화시킬 수 있었다. 영향력과 인간관계에 바탕을 둔 강력한 힘 말이다.

그래서 '목적'은 감정적인 자기통제를 위한 도구다. 무조건적인

:목적추구

목적을 추구하다 보면 정서지능의 다른 요소들도 전부 활성화된다. 정서지능은 어떤 목적에 연결될 때 비로소 힘과 영향력을 얻는다. 개인적인 선호에 따라 일상의 선택이 달라지듯, 목적에 따라 장기적인 선택이 달라진다. 목적은 '북극성'처럼 우리에게 방향을 알려주고, 생각, 감정, 행동을 잘 조절해 일관성을 유지시켜준다.

궁극적인 목적을 추구하는 리더는 자신이 하는 일에 온전히 헌신하고, 자신의 감정을 제대로 변화시킨다. 더불어 가장 효과적으로 다른 사람들에게 영향력을 행사하고, 자신의 에너지와 추진력 역시 잘 유지한다. 목적이 없거나 등한시하는 리더는 스스로 열정이 떨어지거나 기력이 쇠해져 문제가 생길 경우 끝까지 제대로 대처하기 힘들다. 그런 리더는 구성원들이 진심으로 따르지 않고, 반대로 구성원들을 독려할 수가 없기 때문에 최대한의 업무성과를 올리지도 못한다. 목적추구 측면에서 높은 점수를 받는 리더는 인간관계가 좋고, 비슷한 위치에 있는 다른 동료 리더들에 비해 더 위로 올라갈 가능성이 2배나 높다.

반응의 감옥에서 해방시켜줄 뿐 아니라, 동기부여를 통해 최선을 다하게 해주고, 개인적인 힘을 강화시켜 다른 사람들에게 영향력을 미칠 수 있게 해준다.

당신에게 중요한 것은 무엇인가? 그것을 어떻게 매일 행동으로 옮길 수 있겠는가? 3단계 중 '자신을 알라'를 실천해 감정적인 자기인식이 더 잘될 때, 감정반응 에스컬레이터는 조용히 멈춘다. 그러고 나서 '스스로 선택하라'를 실천해 목적과 연결될 때 고상한 자기강화를 할 수 있다. 자신을 알고, 선택하고, 주는 걸 더 잘할수록, 우리는 그 나머지 영역들에서 더 강해지고 깊어진다.

그럴 때 감정은 더없이 중요한 가이드이자 징후이고, 우리는 매일 우리가 추구하는 가치를 제대로 구현하며 살 수 있다. 그렇게 되면 집중력이 더욱 강해지고, 설득력과 영향력도 커지며, 우리 자신에 대해 점점 더 좋은 감정을 갖게 된다. 결국 집중력, 힘, 일관성을 모두 갖춘 진정한 리더로 거듭나는 것이다.

인생의 근본적인 목적을 찾는 법

'목적'은 일종의 믿음이고 신념이며 목적의 또 다른 멋진 이름이다. 우리 자신의 선택을 평가하는 데 도움을 준다. 목적은 '사명선언'이나 '비전선포'를 뛰어넘어 당신 삶의 모든 측면(개인적인 삶, 직장생활, 커뮤니티 등)을 아우르며, 목적으로 인해 당신은 매사에 최선을 다하게 된다. 당신이 추구하는 근본적인 목적을 세우려면 다음과 같은 5가지 기준을 충족해야 한다.

1. 모든 걸 통합한다.

목적은 삶의 모든 측면을 아우르며, 그래서 한 영역(예를 들어 직장)에서 고귀한 목적을 추구하다 보면 다른 모든 영역(가정 등)에도 도움이 된다. 그 결과 당신은 균형 잡힌 삶을 살 수 있다.

2. 에너지를 되찾아준다.

목적은 깊은 차원에서 당신 자신에게 동기를 부여해주고 영향을 준다. 상황이 힘들어질 때 에너지를 되찾아준다.

3. 밖으로 향하게 한다.

목적은 당신 자신에게 도움을 주면서 동시에 다른 사람들에게도 관심을 집중하게 해준다. 이는 당신이 좀 더 폭넓은 관점을 유지하는 데 도움이 된다.

4. 평생 끝나지 않는다.

목적은 지속적이고 영향력이 있으며, 매일의 노력을 뛰어넘는 그 무엇이다. 이는 장기적인 집중력을 갖는 데 도움을 주기 때문에 단기적인 생각들이 주는 혼란을 피할 수 있다.

5. 다른 사람들을 귀중하게 여긴다.

당신만의 고귀한 목적을 추구하는 과정에서는 그 누구도 당신보다 못하거나 나쁜 사람이 될 필요가 없다. 그 결과 당신은 자기 중심적인 사고와 권력투쟁에서 자유로워지고 다른 사람들을 귀하게 여기게 된다.

나는 목적의 중요성을 끌레르 누에르Claire Nuer로부터 처음 배웠다. 그는 홀로코스트 생존자이자 암까지 극복한 인물이다. '리더십으로서의 학습Learning as Leadership'이라는 조직을 만들었고, '변혁적 리더십'의 전도사로 유명하다. 그가 말한 '목적'은 인류를 위한 목적, 그러니까 연민이 있고 현명한 피조물로 전 인류를 변화시키자는 목적을 함께 만들어가자는 것이었다. 우리의 목적추구는 거기에서 차용해온 개념으로, 이 자리를 빌려 그들의 가르침에 깊은 고마움을 표하고 싶다.

캐런 맥카운은 '나 자신과 다른 사람들이 인간이 되는 걸 돕는 것'을 목표로 세웠다. 그러한 목표 하에서 그녀는 최고선을 함양하고 유지시키는 일에 전념하고 있다. 그 목표를 토대로 여러 결정을 내리고, 조직에 영향을 줌으로써 모든 사람에게 꼭 필요한 존

엄성과 선함을 키워주고 있다. 그 결과 이제 아주 많은 사람들이 그녀의 '헌신 바이러스'에 감염되어버렸다.

당신이 추구하는 가치를 행동으로 바꾸는 법

당신의 목적은 당신이 추구하는 가치, 원칙들과 조화를 이루어야 한다. 그렇게 되면 당신은 더 큰 추진력을 얻어 핵심가치를 행동으로 옮길 수 있다. 당신이 추구하는 가치는 무엇인가? 당신에겐 무엇이 중요한가? 가치와 원칙을 돌아보는 방법을 하나 소개하겠다. 윤리적 딜레마 상황을 가정해보는 것이다. 예를 들어 이런 상황을 생각해보자.

한 금융서비스 회사에 몸담고 있는 앨버트Albert는 아주 작은 이익을 남기면서 판매회사들을 인수하는 일을 해왔다. 그 일에 가장 필요한 사람은 일단의 전문 회계사들이다. 그런데 이 회계사들은 값비싼 음식에, 특혜에 가까운 대우를 받는 데다, 중요한 내부정보까지 제공받는 등, 회사 측으로부터 1급 대우를 받는 걸 당연시했다. 물론 법적으로 잘못된 것은 거의 없었지만, 앨버트는 이 회계사들이 과도하게 영향력을 행사하는 것 같다며 최고운영책임자 COO에게 이의를 제기했다.

자, 이제 이 질문에 답을 써보자. 그 답에 당신이 추구하는 가치가 담겨 있다. 당신이 만일 "최고운영책임자는 앨버트에게 그 회계사들도 다른 사람들과 똑같이 대우하라고 말해야 한다."고 답했다면, 당신은 평등이나 공정성에 가치를 둔 사람이다. 반대로 "최고운영책임자는 앨버트에게 눈치껏 행동하라고 충고하며 깐깐하게 굴지 말고 인간관계를 잘 유지하라고 말해야 한다."라고 답했다면, 당신은 인간관계나 체면에 가치를 두고 있는 것이다. 당신의 대답에 담긴 가치는 무엇인가?

관계	조화/체면	수익성
평등	균형	안전
인간의 정신	승리감	힘
겸손함	솔직함	보호
파트너십	희망	자부심

어떤 원칙을 적용할 것인가? 원칙은 당신이 가치를 적용하는 규칙이나 법을 말한다. 당신이 만일 '관계'에 가치를 둔다면, 원칙은 '조화로운 관계 유지하기'일 것이다. '승리감'에 가치를 둔다면 원칙은 '최대한 많은 이익을 추구하기'가 될 것이다.

> 잠시만 책 읽는 것을 멈추고 아래 표에 당신의 생각을 적어보라. 정답도, 오답도 없으니, 그냥 솔직히 써보라. 먼저 241p의 샘플을 참고해도 좋다.

분야	기간(주)	중요한 목표/활동
회사/업무		
가정		
정신/건강		
친구/커뮤니티		
기타		

자. 방금 적은 것을 보고 어떤 주제들이 보이는지 잘 살펴보라. 혹시 특정한 동일 주제들이 여러 칸에서 나타나고 있는가?

당신이 적은 목표나 활동 중 중복되거나 중요한 주제 3~4가지를 적어보라.

방금 적은 내용 중에 당신이 중요하다고 생각하는 항목으로 되돌아가보라. 다음의 3가지 질문에 답해보라. 이 질문들은 창의성의 대가 마이클 레이Michael Ray의 질문들을 토대로 한 것이다. 최대한 자세히 적어보자.

1. 그게 왜 중요한가?

2. 1번에 적은 목표나 활동을 하면 어떤 변화가 생기는가?

앞에서 적은 중요한 주제 3~4가지에 대해서도 위의 3가지 질문에 답해보자.

여러 영역을 어떻게 통합시킬까?

당신의 목적이 가진 '여러 영역의 통합' 측면에 대해 생각해보자. 안식년이 다가오고 있는 상황을 상상해보면 된다. 당신에게 마음껏 쓸 수 있는 50주가 있다고 치자. '안식년' 동안에는 모든 기본 경비가 무상으로 지원된다. 그 시간 동안 무엇을 할 것인가? 다음 차트에 중요한 목표나 활동을 기록해보자.

자, 이제 당신이 퇴직을 앞두고 있다고 상상해보자. 사내에서 퇴직기념 파티가 조촐하게 열렸다. 우연히 당신 팀의 직원들이 복도에서 나누는 얘기를 엿들었다. 그들은 당신이 자신들에게 어떤 영향을 주었는지에 대해 얘기한다. 이런 경우 당신은 그들에게서 어떤 말을 듣고 싶은가? 최대한 구체적으로 자세히 적어보자.

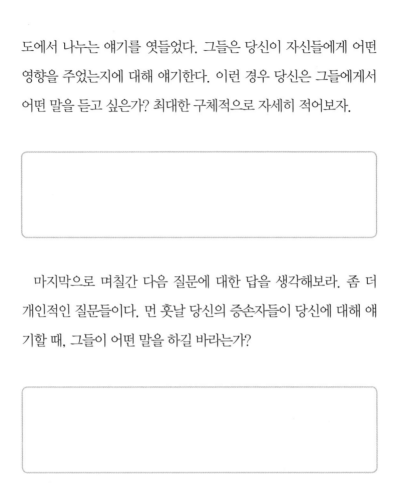

마지막으로 며칠간 다음 질문에 대한 답을 생각해보라. 좀 더 개인적인 질문들이다. 먼 훗날 당신의 증손자들이 당신에 대해 얘기할 때, 그들이 어떤 말을 하길 바라는가?

이제 당신의 가치와 원칙들, 안식년에 하고 싶은 일, 그 일이 중요한 이유, 당신이 남기고 싶은 유산 등에 대해 생각해보았다. 그것을 바탕으로 '고귀한 목적'을 짧지만 멋진 글로 다시 정리해보자. 다음의 동사들을 사용해도 좋다.

영감을 주다	지지하다	전념하게 하다
풍요롭게 하다	함양하다	향상시키다
배우다	실천하다	모델로 삼다
높이다	함께 만든다	조성하다
합류시키다	존재하다	지키다

당신의 '목적'을 요약해보라.

앞서 말한 '고귀한 목적의 5가지 기준'으로 되돌아가, 당신이 적은 것들이 모두 그 기준에 맞는지를 체크해보라. 그러면서 계속 간단하면서도 멋진 문장으로 고쳐나가라. 시간이 좀 걸리겠지만, 결과를 보면 그만한 가치가 있을 것이다.

1. 내 삶의 영역에서 중요한 목표/활동

분야	기간(주)	중요한 목표/활동
회사/업무	특히 앞으로 2~3년	식스세컨즈와 정서지능을 한국에서 더 많은 기관과 개인에게 알리기. 가능하다면 학교(학생, 학부모)에게 널리 퍼트리고 싶다.
가정	내 딸들의 10대 시절이 끝나는 앞으로의 몇 년	학원을 전전하는 내 딸들에게 어떤 미래를 준비하게 해야 할까? 이 순간까지 고민이다.
정신/건강	지금부터 10년	뜻하지 않게 큰 수술을 했다. 적어도 10년은 조심하자. 무엇보다 서두르거나 조급해하지 말자.
친구/ 커뮤니티	1~2년	나이가 들수록 친구관계가 약해지거나 좁아진다. 새로운 친구를 만나보고 싶다. 정서지능 커뮤니티를 활성화시켜보자. 더불어 친구가 생기지 않겠는가?
기타	1~2년	종교를 갖고 싶다. 그럴 때마다 계기 마련이 잘 안 된다. 어떻게 하면 좋을까?

2. 위의 영역에서 중복되는 것 혹은 중요한 주제 2~3가지는?

새로운 시도(뭔가를 새롭게 시도하기)
서두르지 않기
미래를 준비하기.
선한 영향력을 발휘하기

3. 마이클 레이의 3가지 질문(선한 영향력을 발휘하기)

1) 그게 왜 중요한가?

> 내 직업은 '누군가를 변화시키는 교육'을 만들고 실행하는
> 교육컨설턴트였지만, 진심으로 사람이 변하기를 바랐는지?
> 솔직히 자신이 없다. 앞으로 남은 내 직업인생에서 이전과는 다른
> 영향력을 발휘한다면 내 삶이 더욱 소중해지지 않을까?

2) 1번에 적은 목표나 활동을 하면 어떤 변화가 생기는가?

> 눈앞에 닥친 이익이나 위기를 바라보는 근시안이 어느 정도
> 회복되지 않을까? 이전보다는 조금 더 현명해지지 않을까?

3) 2번에 적은 변화를 경험하면 당신의 목적에 어떤 도움이 되는가?

> 누구나 목표, 목적은 '긴 여정'이다. 긴 호흡이 필요하다. 특히
> 나는 멀리, 깊게 보는 여유와 능력이 절실히 필요하다.

4. 여러 영역의 통합! 안식년에 할 수 있는 목표/활동

여러 나라에서 활동중인 식스세컨즈 정서지능 활동에 참가하고
싶다. 특히 북미 여러 지역과 이탈리아 활동을 체험하고 싶다.
우리보다 먼저 시작한 그들의 프로그램에 더 많이 참가하고 싶다.

5. 사내 퇴직 기념파티에서 사람들에게 듣고 싶은 말

식스세컨즈를 발굴하고 우리 회사에 도입한 결정은 회사 창사
이래 최고의 업적이다. (정말 듣고 싶다.)
우리가 정체하지 않도록 늘 우리를 자극해준 비타민 같은
존재였다.

6. 증손자들이 나에 대해 뭐라고 이야기할까?

할아버지는 우리나라 학교, 특히 학생들에게 큰 기여를 하셨대.
무엇보다 우리나라 자살률이 낮아지는 과정에서 역할이 크셨대.
엄마아빠가 할아버지한테 배운 정서지능 능력 덕분에 우리가
행복해질 수 있었어.

7. 나의 고귀한 목적을 한 문장으로 만들어보자.

현재에 머무르는 편안함보다는 항상 새로운 시도와 방법을 찾고
연구하면서 그 과정과 결과를 더 많은 사람과 세상에 공유하며,
그들이 이전보다 더 현명하고 행복한 삶을 살 수 있는 선한
영향력을 발휘하고 싶다.

목적에 모든 것을 정렬시켜라

일단 목적을 명확하게 글로 쓰고 나면, 리더인 당신에게 더없이 소중한 자료가 될 것이다. 목적을 통해 당신의 '반응'을 관리하고, 최선을 다할 수 있다. 그렇게 되면 변화관리에 필요한 '에너지'도 얻을 수 있고, '결정' 과정 또한 명확해질 것이다.

· 반응

무의식적인 반응패턴을 보인다면, 그 패턴을 당신의 목적에 맞춰보라. "이 패턴은 내 자아에 또는 내 목적에 도움이 되는가?" 이는 자신의 행동을 평가해볼 수 있는 간단한 방법이다. 매일 밤 생각해보자. 하루를 돌아보면서 오늘 했던 행동들을 되짚어보는 것이다. 언제 내가 최선을 다했는지, 언제 목적에 부합하는 행동을 했고, 또는 언제 목적에 어긋나는 행동을 했는가? 매일 점검해보면 좋다.

· 에너지

사람들을 이끌기 위해서는 엄청난 에너지가 필요하다. 사람들과 연결된 상태로 신속하게 움직이면서 당신에게 밀려들어오는 그 수많은 요청들에 모두 응답하려면, 당신은 내면의 불을 계속해서 활활 태워야 한다. 운동, 적절한 식이, 낙천주의 등도 그 불꽃을 유지하는 데 도움이 되겠지만, 궁극적인 '목적'이 없다면 그 어떤 것도 충분치 않다. 목적을 계속 생각하고 실행에 옮기면 관심과 헌신이 높아진다.

당신이 하는 일을 하나하나 살펴보면서, 그 일들을 당신의 목적에 연결시킬 방법을 찾아보라. 예를 들어 당신의 목적이 '사람들의 마음속에 경외심과 평화를 심어주는 것'이라면, 어떻게 이 세상에 경외심과 평화를 보태면서 그런 일을 할 수 있을지 생각해보라. 당신이 매일 세상에 뭔가 보탬이 되는 일을 하고, 게다가 그 일을 목적과 조화시킬 수 있다면, 당신은 점점 더 많은 에너지를 갖게 된다. 그러면 자연스럽게 개인적인 삶도 발전하고, 리더 역할도 잘해낼 것이다.

· 결정

간단한 결정이든 중대한 결정이든, 당신은 매일 수십 번에서 많게는 수백 번까지 결정을 내린다. 어떤 사람들은 감정에서 벗어나야만 결정을 잘할 수 있다고 주장하지만, 사실은 그 반대다. 감정을 당신의 목적과 연결시켜라.

어떤 것을 선택하는 것이 가장 좋을지 파악하는 게 쉽지 않은 경우가 있다. 이것도 저것도 다 괜찮아 보인다. 그렇다면 방향을 어떻게 잡아야 할까? 어떤 선택지가 당신의 목적에 가장 잘 맞는가? 주어진 상황에서 어떤 선택을 하면 우리 조직과 우리 팀원들의 목적에 가장 잘 맞을까? 당신의 목적에 맞는 옵션을 찾지 못했다면, 계속 다른 옵션을 찾아보라. 해보면 알겠지만, 이처럼 가장 깊은 원칙에 따라 결정할 때, 이익과 성공은 저절로 뒤따라오게 된다. 시간이 좀 더 오래 걸리는 경우도 많다. 하지만 목적에 맞게 선택해야만 결과가 더 오래간다.

· 핵심개념

목적과 공감능력을 통해 당신 자신을 주다 보면, 당신의 자기통제력과 영향력, 지혜가 늘어난다.

· 참고자료

《생각에 관한 생각》, 대니얼 카너먼 지음, 이창신 옮김, 김영사, 2018.

《당신의 인생을 어떻게 평가할 것인가?》, 제임스 올워스, 캐런 딜론, 클레이튼 크리스텐슨 지음, 이진원 옮김, 알에이치코리아, 2012.

《좋은 사람으로서의 리더The Leader as a Mensch》, 브루나 마르티누치Bruna Martinuzzi.

· 핵심연습

당신의 목적에 연결되도록 하라. 당신 자신에게 수시로 목적을 상기시키다 보면, 더 헌신하게 되고 최선을 다하게 된다. 그리고 자신에게 다음과 같은 질문을 던지면서, 그 목적을 모든 결정의 기준으로 삼을 수도 있다. "어떤 것이 나 자신과 다른 사람들의 목적을 달성하는 데 도움이 될까?"

뛰어난 조직을 만드는
흙과 바람

우리는 사실이 우리의 인식과 맞아떨어지길 바란다. 그렇지 못할 경우,
인식을 바꾸기보다는 사실을 무시하려는 경향이 있다.
－제서민 웨스트Jessamyn West

이제까지 정서지능이 무엇이고, 리더에게 어떤 의미가 있는지
살펴보았다. 식스세컨즈 정서지능 모델을 설명하면서, 그 정서지
능 능력이 당신과 당신의 리더십에 어떤 영향을 주는지도 설명했
다. 개인적인 차원에서 정서지능을 이해했다면, 그다음 단계는 팀
과 조직 차원에서 정서지능에 접근하는 것이다. 정서지능이 높은
리더가 되려면 당신이 느끼는 수많은 감정들을 개인, 관계, 조직
이라는 3가지 레벨에서 관리해야 한다.

각 레벨은 다른 레벨에도 영향을 준다. 그리고 또 각 레벨에서
일어나는 모든 결정과 업무, 상호작용이 다른 레벨에도 영향을 준
다. 예를 들어 한 사람이 지각을 했다고 치자. 그 사람이 속한 팀

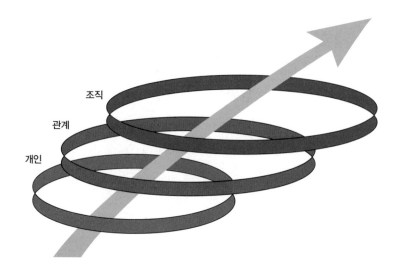

감정의 3가지 레벨
정서지능이 높은 리더가 되기 위해서는 개인(파란색), 관계(빨간색), 조직(보라색)이라는 3가지 레벨 모두에서 감정을 잘 모니터링하고 관리할 수 있어야 한다. 당신의 감정은 어떤가? 당신 팀의 감정은? 당신 조직의 분위기와 조직문화는 어떤가? 어떤 결정을 내리거나 계획을 세울 때 이 3가지 레벨 모두에 얼마만큼 영향을 미치는가? 각 레벨은 다른 레벨에도 영향을 준다. 3가지 레벨이 모두 잘 연결되어 있는가?

의 구성원들은 알게 모르게 실망감을 느낀다. 그런데 그들은 조직 내의 또 다른 많은 사람들과 교류하며 그 실망감을 전파한다. 좀 극단적인 설정이지만, 한 사람의 지각이 조직 전체에 영향을 줄 수도 있다는 말이다.

이런 현상은 다른 형태로도 나타난다. 어떤 새로운 전략계획이 한 팀의 업무방향과 분위기를 완전히 바꿔놓을 수 있고, 어떤 결정이 구성원 한 사람의 마음에 상처를 주어 그의 생산성을 떨어뜨릴 수 있다. 그러므로 리더는 개인, 관계, 조직의 3가지 레벨 모두에 대해 책임을 져야 한다. 그때 리더의 정서지능은 이 3가지 레벨을 이해하고 관리하는 데 꼭 필요한 툴이다.

앞에서 얘기했듯이 요즘처럼 급변하는 비즈니스 환경에서, 대부분의 조직들은 줄어든 인력으로 더 많은 일을 해야 한다. 그러다 보면 남은 사람들은 변화에 적응하려 몸부림치다 에너지를 소진하고 활기를 잃곤 한다. 그런 상황에서 리더는 대체 어떤 리더십을 발휘해 분기마다 구성원들이 더 깊이, 더 앞으로 나아가게 할 수 있을까? 한 개인의 감정이 그의 업무성과에 영향을 주듯, 조직의 감정적인 분위기나 풍토는 그 구성원 전체의 행동에 영향을 준다.

개인의 정서지능이 집단의 감정과 반응에 어떤 영향을 주는지, 일하는 문화나 조직풍토가 어떻게 결정되는지 측정할 수 있을까? 여기에 '풍토風土'라는 단어가 자주 나오는데, 말 그대로 '바람과 흙' 혹은 '날씨climate'를 떠올리면 쉽게 이해가 될 것이다. 조직문화는 이런저런 원칙들의 집합이고, 그 원칙들이 구성원들의 행동방식을 결정한다. 그러나 그보다 더 중요한 것은 구성원들의 감정상태다. 사람들의 감정이 어떠한가에 따라 조직풍토가 좌우된다는 뜻이다.

조직풍토에 대한 연구결과를 살펴보면, 감정과 업무성과 사이에는 깊은 관련성이 있다. 실제로 우리가 고객서비스, 생산성, 인재유지 등을 평가해본 결과, 정서지능을 중시하는 조직은 뛰어난 업무성과를 보일 가능성이 22배나 높았고, 업무성과의 고저는 조직풍토에 따라 50~60%나 차이가 났다. 다시 말해, 조직풍토는 재무적 성공과 목표달성 여부를 예견하는 전조나 다름없었던 것이다.

또 다른 조사는 전 세계 95개국에서 신입사원부터 최고경영자까지 거의 모든 연령대의 사람들을 대상으로 한 설문조사다. 개인이 조직풍토나 업무성과에 어떻게 영향을 끼치는지를 알아본 결과, 조직의 분위기에 큰 영향을 미치는 사람은 소수에 지나지 않았지만 그 영향력은 모든 경계를 뛰어넘을 만큼 막강했다. 설문조사 참가자들에게 조직풍토에 대한 질문 외에 다음과 같은 4가지 중요한 요소들에 대해서도 질문했다.

- 고객서비스: 고객이 잘 대우받고 있다는 인식
- 결과: 일이 효율적으로 제대로 되고 있다는 인식
- 인재유지: 이직률 감소
- 미래의 성공: 뛰어난 업무성과의 지속성

조직풍토 점수가 높을 경우 이 4가지 요소에 대한 점수도 높았다. 다시 말해 직원들이 기분 좋게 출근할 수 있는 분위기가 조성되면 업무성과는 저절로 좋아지는 것이다. 반대로 직원들이 의욕을 상실한 채 실망감과 좌절감에 빠져 있거나 불만에 가득 차 있을 경우, 에너지가 떨어지고 제품과 서비스의 품질이 떨어진다. 게다가 사람들 사이의 커뮤니케이션에 문제가 생겨나고 유능한 사람들이 하나둘 그 조직을 떠나버린다.

구성원들이 이렇게 의욕상실에 빠질 경우 그 대가는 실로 크다. 제품과 서비스의 품질이 저하되니 고객의 불만이 늘어나고 고객이 떠나버린다. 그러면 즉각적으로 금전적 손실을 입게 되고, 더 나아가 장기적으로 조직의 평판까지 나빠진다. 하지만 다행히 이처럼 조직에 꼭 필요한 생존능력을 개선하고 유지할 수 있는 정교하고 창의적이며 비용도 적게 드는 방법이 있다. 가상의 인물 2명이 일하는 방식을 비교해 살펴보면 이 문제를 좀 더 분명하게 이해할 수 있을 것이다.

칼Carl은 늘 자신의 일에 최선을 다하는 사람이다. 일을 좋아하고, 집중력 있게 잘해낸다. 그가 워낙 긍정적인 사람인 데다 좋은 팀에 속해 있기 때문이다. 그의 상사는 항상 직원들의 말에 귀 기울이고, 회사도 칼이 하는 일을 중요하게 여긴다. 팀 동료들도 칼을 잘 도와준다.

반면 조앤Joan은 하루하루가 악몽 같다. 그녀는 경험이 많고 노련하고 뛰어난 직원이지만, 조직에 문제가 있어 능력을 발휘하지 못하고 있다. 상사는 그녀를 제대로 챙겨주지 않고, 팀원들과 의사소통도 잘 안 되며 유대감도 느낄 수가 없다.

오늘 하루, 칼과 조앤 두 사람의 업무성과는 어떨까? 두 사람은 다른 사람들에게 어떤 영향을 줄까? 그리고 두 사람이 생산성을 높이고 일에 전념하려면 상사들은 어떻게 해야 할까? 조앤은 거의 자동반사처럼 계속해서 부정적인 메시지를 받고 있다. 곧 회사를 그만둘 게 분명하다. 너무 뻔한 일이지만, 조앤은 조직에 헌신하기 힘들어 보인다. 저널리스트이자 작가인 앨런 도이치먼Alan Deutschman은 강압적인 힘과 사실, 두려움으로는 변화할 수 없다고 주장한다. 변화는 그런 것들이 아니라 '관계'로부터 시작된다는 것이다.

우리는 전 세계 수백 개가 넘는 조직들을 대상으로 연구해서 여러 가지 동인들을 찾아냈다. 조앤 같은 구성원의 업무성과를 획기적으로 높여줄 동인도 찾았고, 칼이 가진 높은 수준의 에너지와 헌신적인 자세를 계속 유지해줄 동인도 찾았다.

조직의 리더는 무엇보다 먼저 '건강하고 긍정적인 조직풍토 만들기'를 전략적 과제로 삼아야 한다. 오늘날 '사람 측면'은 사업이 잘 풀려나갈 때만 관심을 집중하는 측면이 아니다. 바람직한 조직 풍토를 조성하는 일은 뛰어난 리더들이 우선적으로('최우선'까지는 아니더라도) 챙기는 과제 중 하나다. 구성원들이 뛰어난 업무성과를 만들어내는 데 쓸 '용기'를 제공하는 일은, 뛰어난 리더의 중요 임무인 것이다.

당신만 몰랐던 불신과 단절

대부분의 리더들은 너무 자주 팀원들로부터 멀어지고 소외된다. 특히 두세 단계 아래쪽에 있는 직원들과는 긴밀한 관계는커녕 상당히 데면데면하다. 이런 간극은 불신의 씨앗이 되고 조직의 활력을 떨어뜨리며, 결국 제품과 서비스에까지 영향을 미친다. '퍼포먼스 바이탈 사인' 평가를 수십 차례 진행해오면서, 우리는 고위급 리더와 관리자, 직원들의 인식에 상당한 차이가 있다는 것을 알게 되었다. 이러한 간극은 그 자체로는 큰 문제가 아닐 수도 있지만, 관심을 가져야 할 중요 징후다.

우리가 만난 직원들은 최고 리더들을 이해하지 못하겠다고 하소연하곤 했다. 반면에 리더들은 일선의 직원들과 단절된 느낌이

든다고 자주 말했다. 불행히도 이런 단절은 대개 서로 간의 신뢰를 떨어뜨리고, 작은 불씨도 큰불로 번지게 만든다. 조직의 최상층에 있는 사람들, 즉 경영진은 적당히 '걸러진' 정보를 입수하는 경우가 너무도 많다. 사실 그 누구보다 정확한 정보를 필요로 하는 사람들이 그들인데도 말이다.

리더는 조직의 여러 단계를 거치면서 걸러진, 편향된 인식이 아니라 '사람들의 목소리'를 가감 없이 그대로 들어야 한다. 그것도 수시로 자주 들어야 한다. 제조회사가 1년에 딱 1번 품질평가만 하면 될까? 판매조직이 1년에 2차례 매출액만 체크하면 될까? 절대 그렇지 않다. 마찬가지로, 조직풍토 역시 조직의 건강상태를 평가하기 위해 수시로 체크해봐야 한다.

직원 설문조사는 편견 없는 의견을 취합할 수 있는 아주 좋은 방법이다. 경영진이 직원들과 다시 연결되고, 조직풍토의 문제점을 찾아 개선할 수 있다. 우리가 고안한 '퍼포먼스 바이탈 사인'은 수없이 많은 테스트로 검증된 평가다.

조직풍토를 제대로 알고 이해하는 리더는, 직원들의 마음속과 머릿속을 동시에 들여다볼 수 있다. 그리고 그런 통찰력을 통해 리더는 조직을 개선하기 위한 전략적 방향을 정하고 더 효과적으로 결정할 수 있다. 조직의 활력을 높이고 업무성과를 높이는 데 필요한 4가지 요소는 다음과 같다.

- 동기부여 : 각종 도전 과제를 뛰어넘고, 목적을 추구하고, 헌신적인 자세를 유지하게 해주는 에너지 자원이다.
- 변화 : 끊임없이 진화하는 상황에서 언제든 혁신하고 성공에 적응하는 것이다.
- 팀워크 : 같은 목적을 추구하고, 그것을 위해 협력하려면 목적을 공유하고 조직에 대한 소속감을 가져야 한다.
- 실행 : 효과적인 전술을 실행함으로써 전략적인 결과들을 성취해내는 능력이다.

이 4가지 요소들은 '퍼포먼스 바이탈 사인'을 통합시켜주는 중심 동인인 '신뢰'를 통해 하나로 묶인다.

- 신뢰 : 다른 조직풍토 요소들 속에서 위험을 무릅쓰고 성공을 촉진시켜줄 자신감, 믿음, 확신이다.

또한 '퍼포먼스 바이탈 사인'은 리더십의 핵심요소와 업무성과를 향상시키기 위한 리더의 책임을 이해시켜주는 뼈대이기도 하다.

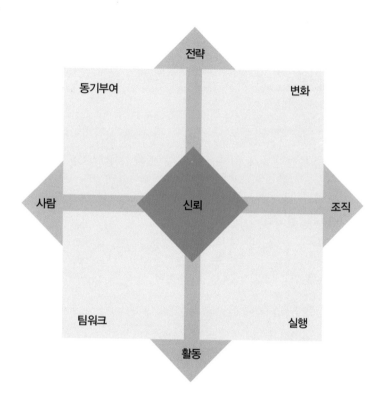

바이탈 사인 전략

퍼포먼스 바이탈 사인Performance Vital Sign은 식스세컨즈가 개발한 '조직을 활력 넘치게 만드는 5가지 요소에 관한 모델'이다. 동기부여, 변화, 신뢰, 팀워크, 실행으로 구성된다. '높은 업무성과'와 개인의 리더십, 팀, 조직이 어떤 관계에 있는지 보여준다. 가운데의 5가지 조직풍토 요소들이 화살표 끝에 있는 다음과 같은 4가지 결과에 영향을 주는 것이다.

- 전략 : 우리는 우리가 어디로 가는지를 안다.
- 조직 : 우리는 목표를 위한 시스템을 갖추고 있다.
- 활동 : 우리는 앞으로 더 나아가기 위한 단계들을 밟고 있다.
- 사람 : 우리의 구성원들 역시 함께 가고 있다.

성과를 좌우하는 것은 '신뢰'

연구결과에 따르면, 고성과와 저성과를 결정하는 데 '신뢰'가 무려 65%나 영향을 미쳤다. 그런데 유감스럽게도 95개국에서 실시한 설문조사에서 가장 낮은 점수가 나온 것 역시 신뢰였다.

셰리 손턴Sherry Thornton은 한 의료단체의 최고운영책임자다. 그녀는 경영진과 직원들 간의 단절, 부서들 간의 간극을 직감적으로 알고 있었고 이 문제를 해결하고 싶어 했다. 그래서 우리는 조직 풍토 평가를 통해 그녀가 직감한 문제들을 숫자로 보여주었다.

설문조사는 전 직원을 대상으로 했고, 그중 약 10%의 직원들을 무작위로 뽑아 1대1 면담도 실시했다. 그 후 각 부서를 직접 찾아다니면서 직원들과 손턴 혹은 다른 리더들과의 미팅을 주선했다. 미팅은 각 부서 직원들에게 그들의 의견이 그대로 조직의 최상부로 전해진다는 믿음을 주는 데 집중했다. 리더들이 직원들의 의견에 귀 기울인다는 믿음 말이다.

"퍼포먼스 바이탈 사인 평가를 통해 모두 변화해야 한다는 사실에 공감했고, 또 리더들과 직원들 사이의 거리도 좁힐 수 있었습니다." 셰리 손턴의 말이다. 모든 결과를 공유하면서 직원들은 리더들이 자신들의 말에 귀 기울여준다는 믿음을 갖게 됐고, 그 결과 조직의 분위기를 바꾸는 데 함께 노력을 보탤 수 있었다.

조직 내부의 신뢰와 협력관계는 어떻게 개선할 수 있을까? 리더의 정서지능을 높여 직원들과의 거리를 좁히는 게 중요하다. 각 부서를 돌아보고 직원들과 점심식사를 함께하는 정도로는 충분치 않다. 의지와 행동이 모두 필요한 일이다. 손턴은 비교적 간단한 전략을 실행했다. 직원들의 의견에 귀 기울여 그들이 원하는 바가 무언지를 파악했고, 이런저런 방법을 동원해 결국 그것을 충족시켜준 것이다. 이때 감정에 관심을 기울이는 것이 중요하다. 자신의 업무와 고객에게 관심이 많은 직원일수록 좋은 아이디어를 많이 내고 협업을 잘한다. 팀을 걱정하고 자신의 일에 전념하기 때문에 리더인 당신이 자신의 말에 귀 기울여주길 바란다.

11개월 동안 훈련과 코칭을 한 후에 다시 조사를 해보니, 매출은 25% 넘게 늘었고 각종 사고와 운영비용은 눈에 띄게 줄었다. 경영진은 구성원들과 더 가까워졌고 조직에 대해 더 잘 알게 되었다. 그 결과 전반적인 경영상태가 개선되었다.

조직 전체의 정서지능을 높이는 5가지 전략

조직 전체가 긍정적인 분위기 속에서 일하면 당연히 성과가 높아진다. 그런데 우리의 연구결과에 따르면, 부서별로 특화된 노력을 기울일 때 가장 효과가 좋았다. 부서마다 업무성과를 높이는 동인 자체가 아주 다르기 때문이다.

우리는 조직에 만족하는 직원들과 그렇지 못한 직원들을 비교해 조직풍토가 고객서비스에 어떤 영향을 미치는지 조사했다. 여러 그룹들을 조사해본 결과, 각 그룹의 업무성과를 예측할 수 있는 변수가 아주 다르다는 사실을 알게 됐다. 예를 들어 조직만족도가 가장 낮은 그룹의 경우(앞의 사례에서 조앤 같은 구성원), 고객서비스 분야에선 협력이 중요하다고 답한 비율이 거의 30%에 달했다. 반면 조직만족도가 높은 사람들은(칼 같은 구성원) 협력이 중요하다고 답한 비율이 3%밖에 안됐다. 그들은 조직의 임무 혹은 궁극적인 목적과 연결되는 것이 훨씬 더 중요한 요소라고 꼽았다. 우리는 이처럼 복잡한 분석을 통해 각 조직의 성격에 맞는 훈련방법을 개발했고(단순히 '해당하는 칸에 체크하시오' 식의 조사가 아니라), 또한 조직 특유의 문제해결방법을 찾아내고 있다.

그룹마다 중요하게 여기는 가치가 다를 수 있다. 리더는 각기 다른 그룹들의 조직풍토를 이해하고 성과에 영향을 줄 진정한 동인들을 찾아내야만 거기에 초점을 맞춰 전술적 결정을 내릴 수 있다. 모든 부서에 두루 맞는 일반적인 접근법이 아니라, 각 그룹마다 특유의 분위기를 좀 더 깊이 이해함으로써, 더 적은 시간과 노력으로 더 나은 결과를 얻을 수 있다. '맞춤형 개입'이 가능해지는 것이다.

그렇다면 당신의 조직에는 어떤 실행전략이 잘 맞을까? 모든 조직에서 무조건 좋은 결과를 이끌어내는 마법의 실행전략은 없겠지만, 당신의 조직이 어떻게 정서지능에 접근하는지 알게 되면 이런저런 아이디어들이 나올 것이다. 다음은 우리가 5곳의 조직에 적용해본 5가지 전략의 사례.

1. 직접 교육 – 어느 오일필드 서비스 회사
2. 트레이너 훈련 – HSBC
3. 혼합 훈련 – 미 해군
4. 통합적인 툴 – 페덱스
5. 컨설팅 과정 – CIBA 스페셜티 케미컬즈CIBA Specialty Chemicals

더 많은 사례가 궁금하다면 www.6seconds.org/tag/case-study에 있는 사례 라이브러리를 참조하라. 5가지에 대해 간단히 설명하면 다음과 같다.

직접 교육

세계 최대 규모의 한 오일필드 서비스 기업을 대상으로 실시한 방법이다. 최소한의 투자로 시작할 수 있어서 많은 조직들이 선호하는 방법이기도 하다. 이 회사에서는 새로운 경리 책임자들을 훈련시킬 수 있는 집중적인 교육과정으로 사내 '세일즈 대학'을 운영하고 있다. 한 부서의 리더는 판매의 '인간적인 측면'의 중요성을 깨닫고 우리에게 '판매의 핵심Heart of Selling' 과정을 위탁했다. 이 과정은 고객 중심으로 움직여야 하는 판매원들에게 고객관계에 집중하게 할 목적으로 만든 이틀짜리 프로그램이다.

- 장점: 위험이 적고 빠른 적용이 가능하며, 초기 비용이 적다.
- 단점: 포괄적인 후속 조치가 부족할 수 있고, 전사적인 인적자원 전략과 조화를 이루지 못할 수도 있다.

트레이너 훈련

HSBC 아시아 지역 학습 및 개발 부서는 우리와 함께 훈련 담당자를 훈련시켰다. 요즘 글로벌 조직들은 점점 더 복잡하고 다양한 요구를 감당해야 하는 상황이다. HSBC는 조직의 효율성을 높이기 위해, 우리와 함께 사내 리더십 개발과정에 정서지능을 통합시켰다. 아시아 지역 학습 및 개발 부서의 구성원들이 식스세컨즈 네트워크에 참여해 정서지능 인증과 SEI 정서지능 평가인증을 받았다.

그런 다음 식스세컨즈 네트워크의 싱가포르 지역 담당자와 손잡고 자체적인 테스트 프로그램을 개발했다. 프로그램 개발 후에 학습 및 개발 부서 구성원들과 함께 수정했고, 그런 다음 일련의 훈련 담당자들을 훈련시키는 프로그램을 시행했다(프로그램 품질 유지를 위한 정기적인 검토와 코칭도 포함해서). 그런 다음 HSBC 훈련 담당자들은 검증된 맞춤 프로그램을 진행했으며, 전사적으로 정서지능 DNA를 리더십 개발에 포함시켰다.

- 장점 : 리더십 개발전략에 정서지능을 통합시키기 쉽다. 공인된 전문가들로 이루어진 좀 더 큰 규모의 그룹에서 조직관리역량(이 툴들은 다양한 훈련에 활용 가능하다.)을 쌓을 수 있고, 그 역량을 통해 지속적으로 훈련 담당자를 훈련하는 것도 가능하다. 평가 툴을 활용할 경우 투자자본수익률 측정에 도움이 되며 집중력을 유지할 수 있다.
- 단점 : 초기 비용이 많이 들고, 내부 전문지식에 대한 의존성이 심화된다.

혼합 훈련

미 해군과 해병대, 그리고 해안 경비대가 활용한 방법이다. 변화에 더욱 효과적으로 대처하도록 지원하려는 목적으로, 군종 병과에서 2년짜리 프로그램을 시작했다. 그 프로그램은 학습, 조직 개발과 관련된 고위 장교들을 대상으로 하는 2일 일정의 '변화를

향한 내면의 길Inside Path to Change' 훈련으로 시작됐다. HSBC의
경우와 마찬가지로, 식스세컨즈 팀은 이후 프로그램을 군 조직의
특성에 맞게 필요한 것만 구성한 1일짜리 프로그램으로 최적화해
주기도 했다. '트레이너 훈련'을 통해 24명의 내부 훈련 담당자를
훈련시킨 뒤, 그들에게 1일 프로그램을 진행시켜보았다. 트레이
너 훈련을 비디오로 촬영해 원격교육 프로그램의 훈련자료로 사
용했다. 마지막 단계는 해군 내부의 트레이너들(우리가 훈련시킨)과
우리 식스세컨즈 전문가들의 협력작업이다. 이때 해군장교 및 지
원병력 1,000명에게 40시간짜리 혼합훈련(E-러닝과 직접교육) 프
로그램을 제공했다. 그 과정을 통해 50만 명에 달하는 구성원들
에게 양질의 맞춤형 교육을 실시할 수 있었다.

- 장점:교육 내용을 정한 후에 단계적으로 실행하는 것이 가능
  하다. 내부 전문가들이 조직 내부의 특수 상황에 맞는 훈련자
  료를 선택해 활용할 수 있어서 조직역량개발도 가능하다. 외부
  전문가들의 도움까지 받으면, 다른 분야의 다양한 교육내용들
  도 통합할 수 있다.
- 단점:광범위한 평가지표들이 부족하다(재정적 한계로 포함시킬
  수 없기 때문에). 이 정도 규모의 프로그램을 시행하기 위해서는
  내부 인력이 막대한 시간과 자원을 투자해야 한다.

통합적인 툴

페덱스의 핵심가치 중 하나는 '사람 우선 리더십people-first lead-ership'이다. 그러면서 동시에 페덱스는 굉장히 빠른 속도로 움직이는 물류회사다. 페덱스 글로벌 학습 연구소Global Learning Institute는 정서지능을 자사의 핵심적인 학습 프로그램에 통합시키기로 결정했다. 그리고 지난 여러 해 동안 페덱스의 많은 내부 학습 전문가들이 식스세컨즈의 여러 인증 프로그램들을 이수해왔고, 우리 역시 여러 사내 훈련 프로그램을 진행해오고 있다.

주로 내부 프로그램 디자이너들이 중심이 되어 진행하고 있다. 페덱스는 정서지능과 다양한 식스세컨즈 평가 및 개발 툴들을 2가지 핵심 프로그램으로 통합시켰는데, 그중 하나가 전 세계의 모든 페덱스 신임 관리자들을 위한 6개월 과정의 역량개발 프로그램이다. 이 프로그램은 페덱스가 표방하는 '사람 우선 리더십'의 대표적인 예이기도 하다. 이 프로그램에는 사전평가, 훈련, 코칭, 그리고 발전상태를 확인하기 위한 재평가 등이 포함되어 있다. 페덱스에서 가장 경험이 많은 2명의 퍼실리테이터가 자체적으로 '훈련 담당자 훈련'을 이끌 수 있는 식스세컨즈 마스터 트레이너Six Sec-onds' Master Trainer 자격도 취득했다. 현재 SEI 평가자격을 가진 페덱스의 학습 및 개발 전문가는 전 세계적으로 50명이 넘는다. 이 프로그램은 테스트 삼아 소규모 투자로 시작된 뒤에 지난 여러 해

동안 실시되었고, 교육내용을 점점 발전시키고 있다.

- 장점: 초기 비용이 적다. 효율적인 접근이 가능한 확실한 평가 툴들이 있다. 완전히 맞춤화된 과정을 개발할 수 있다.
- 단점: 내부 전문지식에 대한 의존도가 지나치게 높다.

컨설팅

글로벌 화학회사인 CIBA 스페셜티 케미컬즈는 다른 많은 조직들과 마찬가지로, 늘 경쟁우위를 확보할 방법을 찾고 있다. 규모가 가장 큰 공장은 이탈리아에 있는데, 그 지역 관리자인 루이기 보아레토Luigi Boaretto는 SAP 소프트웨어와 린 제조Lean Manufacturing 방식을 도입하는 등 커다란 변화들을 꾀하면서 정서지능 향상을 통한 업무효율성 제고 방법을 찾고 있었다.

보아레토는 식스세컨즈 컨설턴트의 도움을 받아 조직 내에서, 또는 조직과 주주 간에 감정적인 커뮤니케이션이 이루어지는 접점을 파악했다. 가장 중점을 둔 부분은, 이성적인 측면 외에 감정적인 측면에 대해 깊이 생각해보고 잘 관리하는 것이었다. 정서지능을 잘 활용할 경우, 변화에 대한 저항을 줄이고 인재유출을 최소화할 수 있기 때문이다.

핵심 관리자를 훈련시키고 코칭한 결과, 감정적 요소들을 잘 관리하는 것이 얼마나 중요한지 알게 되었고, 야외활동과 조직풍토에 대한 설문조사, 핵심 관리자 멘토링을 통해 중간 관리자들의 정서지능이 향상되었다.

- 장점 : 장기적으로 이점이 많다. 정서지능을 조직문화의 '자연스런' 일부로 만들어 조직 내부에 완전히 통합시킬 수 있다.
- 단점 : 지속적인 헌신과 전력투구의 자세가 필요하다.

어떻게 해야 분위기를 바꿀 수 있나?

지금까지 정서지능과 조직풍토에 대해 많은 것을 알아보았다. 그런데 가장 중요한 것은, '어떻게 해야 조직풍토를 개선할 수 있나'가 아닐까?

먼저 조직풍토는 거미줄처럼 얽히고설킨 개인적인 인간관계와 감정들에서 생겨난다는 사실을 알아야 한다. 카리스마, 단호함, 재정문제에 대한 지식, 전술적 계획 같은 전통적인 리더십과 관리 기술은 오늘날 조직풍토를 좌우하는 요소들을 다루는 데 별 효과도 없고 중요하지도 않다. 그보다는 조직의 정서지능을 높이는 것이 훨씬 더 중요하다. 정서지능이 높은 리더가 '수면 아래에 감춰진' 감정적 동인들을 더 잘 찾아내기 때문이다. 또한 정서지능이 높은 리더는 '퍼포먼스 바이탈 사인' 평가로 측정되는 감정적 동인들을 거의 실시간으로 감지해낸다.

칼과 조앤 얘기로 다시 돌아가보자. 그 두 사람은 각기 어떤 감정을 갖고 있을까? 그들은 어떤 감정을 느낄 때 뛰어난 역량을 발휘할까?

어떤 리더는 '조앤은 해고하고 칼 같은 사람을 채용하라.'고 할 것이다. 그런데 그게 최선의 답인 경우도 있지만, 그렇지 않은 경우가 더 많다. 앞에서 감정은 우리에게 유용한 데이터를 제공한다고 이야기했다. 그렇다면 조앤의 좌절감 역시 자산이자, 소중한 데이터다. 조앤이 긍정적인 변화를 꾀하려 할 때 힘이 될 수도 있다.

조앤처럼 조직에 만족하지 못하는 사람은, 조직 내부 사람들에게 따돌림을 당할 수도 있지만, 정서지능과 관련된 반응 측면에서는 정반대일 수도 있다. 앞서 '퍼포먼스 바이탈 사인'에서 배웠듯이, 조앤 같은 사람들에게는 '협력'이 추진력 혹은 동인이다. 그녀는 자기 팀원들과 연결되어 있다는 느낌을 받지 못해서 의욕이 떨어졌다. 마치 안 맞는 옷을 입은 것처럼 기분이 나쁜 일이지만, 다르게 생각해보면 조앤의 그런 감정은 그녀의 팀에서 뭔가가 제대로 작동되지 않고 있음을 경고하는 징후일 수도 있다. 당신에 대한 평가결과를 보고 당신 스스로 감정적으로 깨어나기 시작한다면, 당신은 조앤에게 일어난 일의 본질을 볼 것이고, 그 문제의 근본적인 원인을 해결할 수도 있다. 당신이 조앤과 칼의 상사라고 가정하고, 앞에서 배운 'KCG 모델'(자신을 알라, 스스로 선택하라, 자신을 주어라)을 활용하면 효과적인 대응법을 찾을 수 있을 것이다.

- 자신을 알라: 당신은 조앤을 보고 있으면 짜증이 난다. 그녀를 믿지 못하겠다. 당신의 팀은 서로 대화도 거의 하지 않고, 조직에 불만을 잔뜩 품고 있는 패턴을 보인다.

- 스스로 선택하라: 조앤이 불만을 드러내는 게 정말 당신에 대한 개인적 공격일까? 아마 그렇지는 않을 것이다. '결과예측 사고'를 해본다면, 당신이 근본적인 문제해결 없이 조앤을 해고할 경우 '또 다른 조앤'이 나타나 비슷한 문제가 반복될 것이다. 그러나 '낙천주의 실천'을 해보면 근본적인 문제해결이 가능할 것이다.

- 자신을 주어라: 조앤은 대체 어떤 경우일까? 그녀는 팀원들로부터 소외당했다. 그녀가 뭘 잘못해서가 아니다. 자신과 팀을 위해 뭔가 더 잘해보려고 하다가 그렇게 된 것이다. 당신 자신의 목적과 조직의 목표를 떠올려보라. 지금이야말로 현재 상황에 집중해 근본적인 해결책을 찾을 때다.

반면 칼의 경우는 별로 신경 쓰지 않고 넘어가는 경우가 많을 것이다. 그는 잘하고 있으니까. 정말 그런가? 물론 현재 잘하고 있지만, 리더가 신경 쓰지 못하거나 별다른 도움을 주지 않을 때도 그가 완전히 일에 전념할까? '퍼포먼스 바이탈 사인' 평가에 따르면, 칼의 팀 동료들은 감정적으로 원하는 것들이 서로 너무 달랐고, 그 팀의 성과를 높이려면 팀원들을 조직의 임무나 궁극적인 목적에 연결시켜주어야 할 필요가 있었다. 이때 정서지능이 높은 리더는, 그 같은 상황을 제대로 파악해 칼의 장점을 살려줄 수 있다. 칼이 늘 조직의 핵심임무 혹은 목적과 연결될 수 있도록 도와줄 것이다. 여기서도 역시 'KCG 모델'이 도움이 된다.

• 자신을 알라 : 당신은 이것저것 신경 쓸 게 많은데, 그나마 칼은 일을 잘하고 있어 안심이다. 어느 조직에서든 이런 패턴이 있다. "누군가가 일을 잘하면, 그에게 더 많은 일이 몰리게 되어 있다." 그래서 칼은 늘 일이 많았다. 리더인 당신의 패턴은 이렇다. "내 경우 스트레스가 쌓일 때면 팔을 걷어붙이고 한 판 붙는다." 그래서 당신은 늘 해야 할 많은 일들에 완전히 집중한다.

• 스스로 선택하라 : 당신 조직이 보이는 감정반응 패턴에는 장점도 많지만, 유능한 직원들이 지쳐버릴 때마다 값비싼 대가를 치르곤 한다. 게다가 좀 더 깊이 들여다보면, 리더인 당신의 패턴이 조

직의 패턴과 일맥상통한다는 걸 알 수 있다. 뭔가 문제가 생겨 팀에 불똥이 튈 때, 당신은 사실상 뒤로 물러나 있기 때문이다. 그러나 감정에 집중하다 보면, 당신 자신이 뭔가 문제가 생길 때 오히려 힘을 내서 해결하고 싶어 한다는 걸 알 수 있다. 그리고 당신은 칼도 그런 생각이길 바란다.

• 자신을 주어라 : 칼은 조직의 임무 혹은 목적에 관심이 많고, 리더인 당신 자신은 그 임무와 목적에 잘 맞춰져 있는 사람이다. 그러니 회의석상에서 그가 당신과 같은 목적을 향해 나아가고 있다는 것을 알려주고 격려해주도록 하라. 그러니까 당신이 개인적으로도 그의 비전을 중요하게 생각하고 있다는 것을 알려주고, 중요한 일을 함께 성취하는 과정에서 그의 통찰력을 발휘해달라고 독려하는 것이다.

일하는 문화, 조직풍토, 분위기는 이런저런 관계들로 이루어진다. 당신은 칼과 조앤의 문제를 한 번에 하나씩 해결함으로써 조직풍토를 개선할 수 있다. 개인 차원의 감정들을 하나하나 해결하면 그 효과가 물결처럼 번져나가면서 구성원들의 감정이 전체적으로 개선되는 것이다.

당신이 가진 무기 중에 주위 사람들의 감정에 영향을 줄 수 있는 가장 강력한 무기는 바로 당신 자신의 감정이다. 의식하든 못하든, 사람들은 당신이 보내는 무언의 감정적 메시지에 반응한다. 그리고 자기인식은 당신이 어떤 메시지를 보내고 있는지를 알게 해주는 열쇠다. 자신의 내적감정을 열심히 탐구하는 리더는 자신은 물론이고 다른 사람들에게도 좋은 영향을 준다. 구성원들의 감정적인 동인에 대한 새로운 통찰력이 생기면 개인적인 인간관계 역시 좋은 방향으로 발전한다. 리더로부터 긍정적인 감정들이 물결처럼 번져나가면 더욱 건강하고, 업무효율도, 성과도 높은 조직이 될 것이다.

다시 말하지만, 정서지능은 절대 '특효약'이나 '만병통치약'이 아니다. 간단한 공식이나 처방 같은 것도 없다. 그러나 정서지능이 높은 리더들은 사람들 속에 숨어 있는 감정을 읽어내고 사람과 상황의 독특한 역학관계도 정확하게 인식한다. 그러한 인식능력을 잘 활용해 사람들과 함께 좋은 결과를 만들어낸다.

정서지능이 높은 리더는 칼과 조앤에게 어떤 일이 일어나고 있는지를 잘 인지해, 그들의 감정이 전하는 메시지를 효과적으로 활용할 것이다. 또한 감정 메시지에 예민하지만 절대 거기에 휘둘리지 않고, 팀원들도 감정을 잘 인식하고 활용해 일에 전념하게 만든다.

- 핵심개념

어떤 그룹이나 조직의 감정적 '톤tone'을 조직풍토라 하며, 조직풍토는 업무 성과에 영향을 준다. 기분 좋게 출근할 수 있는 분위기가 조성될 때, 사람들은 일을 더 잘하고 더 열심히 하게 되며 고객에게도 더 신경 쓰고 이직하지 않고 계속 근무할 가능성도 더 높다.

- 참고자료

www.6seconds.org/tag/case-study

《활력 조직The Vital Organization》, 마시밀리아노 지니Massimiliano Ghini, 조슈아 프리드먼Joshua Freedman.

- 핵심연습

경영진이 조직의 감정 톤에 깊은 관심을 갖도록 하라. 이런저런 결정들이 사람들의 감정에 어떤 영향을 주며, 사람들의 감정이 업무성과에 어떤 영향을 주는지 늘 살펴라.

그리고 그 모든 걸 수량화하기 위해 수시로 '바이탈 사인' 평가 같은 툴을 활용하라. 가장 이상적인 것은 '바이탈 사인' 평가 툴을 회사 인트라넷에 탑재해 통합적이고 지속적인 피드백이 가능하게 하는 것이다.

www.6seconds.org/tools 참조.

부록

부록에서는 '식스세컨즈 정서지능 평가'와
책 뒤표지 안쪽에 있는 코드로 받을 수 있는 UEQ와
'두뇌강점진단Brain Talent Profile'에 대해 알아볼 것이다.
또한 육아에 정서지능을 활용하는 방법도 소개한다.

이 책의 뒤표지 안쪽에 무료진단 코드가 있다. UEQUnlock EQ와 두뇌강점진단 테스트를 해 보면 이 책에서 설명한 8가지 정서지능 능력들을 간단하게 점검해볼 수 있다. 이 무료 테스트는 전체 SEI 테스트 중 핵심적인 부분만 축약해 담은 것이다.

· 01 ·
정서지능 테스트

인간으로서의 우리의 위대함은 세상을 재창조하는 능력에서 나오는 게 아니라
(그것은 원자력 시대의 잘못된 믿음이었다.) 우리 자신을 재창조하는 능력에서 나온다.
—마하트마 간디

우리는 지난 35년간 정서지능을 가르쳐온 경험을 토대로 1997년에 식스세컨즈 정서지능 모델을 개발했고, 전 세계 50개국에서 수천 명을 상대로 이 모델을 테스트했다. 그리고 이 모델을 통해 판매, 고객서비스, 육아, 교육, 리더십 등 분야를 가리지 않고 수많은 개인과 조직이 변화를 경험했다. 식스세컨즈 정서지능 모델을 중심으로 많은 교육과정을 개발한 뒤, 우리는 정서지능을 학습하고 개발하는 데 도움을 줄 수 있는 평가방법을 개발하기로 마음먹었다. 개인이 리더로 살아가며 정서지능을 실제로 활용하도록 도울 수 있는 평가 툴을 목표로 삼았다.

우리는 식스세컨즈 정서지능Six Seconds Emotional Intelligence을 줄

자신을 알라(자기인식)

- 감정해석력을 향상시켜라. —감정을 정확히 인식하고 적절히 해석하는 법을 배워라.
- 패턴을 파악하라. —반응과 선택지를 파악하라.

스스로 선택하라(자기관리)

- 결과예측 사고를 하라. —행동에 옮기기 전에 여러 선택지의 이점과 대가를 체크하라.
- 감정을 처리하라. —감정이 주는 메시지에서 배우고 감정을 변화시키는 법을 배워라.
- 낙천주의를 실천하라. —미래를 변화시킬 다양한 옵션들을 확인하라.
- 내적동기부여를 하라. —내적 에너지와 추진력을 스스로 만들어내라.

자신을 주어라(자기지향)

- 공감능력을 키워라. —의미 있는 감정적 연결을 꾀하라.
- 목적을 추구하라. —일상적인 선택들을 통해 목적을 실행에 옮겨라.

식스세컨즈 정서지능 툴
SEI를 해보면 이 책에서 배운 '정서지능을 행동에 옮기는 데 필요한 8가지 능력을 측정할 수 있다. 그것을 요약한 것이 바로 위의 내용이다.

여서 SEI라 부르는데, 'SEI'가 마침 이탈리아어로 'six'인 데다 우리 팀이 이탈리아에서 공동으로 개발했기 때문이다. SEI 툴 세트에는 직장과 학교, 그리고 삶을 위한 다양한 정서지능 평가와 리포트들이 포함되어 있다. 전통적인 테스트들과 달리 SEI 평가 툴은 단순한 '진단용'이 아니다. 진단을 넘어 긍정적 변화를 위한 로드맵까지 제공해주기 때문이다.

우리는 다양한 연구를 통해 SEI 평가에서 높은 점수를 받은 사람들이 효율성, 인간관계, 삶의 질과 관련해서 좋은 성과를 올린다는 걸 발견했다. 뿐만 아니라, 승진, 경제적 안정, 판매, 리더십, 고객서비스, 조직 분위기, 수익성 면에서도 대단히 큰 성공을 거두었다는 사실도 알아냈다.

그간 우리는 4가지 버전의 SEI 평가를 만들었고, 수백만 명에게 20가지 언어로 실시해왔다. SEI 평가는 철저한 과학적 근거를 바탕으로 실용적으로 활용할 수 있도록 만들었다. 이 평가에 대해 좀 더 알고 싶다면 6sec.org/sei를, 그리고 또 연구결과들에 대해 더 알고 싶다면 6sec.org/research를 참조하라. SEI 평가는 학습, 개발, 코칭, 변화관리, 교육 분야에서도 사용된다(7~18세를 위한 청소년 버전도 있고, 그보다 어린아이들을 위한 버전도 있다).

두뇌강점진단

SEI 평가가 끝나면 '두뇌강점진단'을 받게 되는데, 이를 통해 당신은 정서지능과 관련된 6가지 '브레인 탤런트'를 확인할 수 있다. 우리는 업무성과가 좋은 사람들을 연구해보았고, 주변 사람들이 그들을 어떻게 평가하는지를 알아봤다. 그리고 그 항목들을 정서지능과 관련된 18가지 주요 재능들로 축약했다. 유능한 리더의 인간관계도 깊이 들여다봤는데, 그 결과가 아주 흥미진진했다. 더 자세한 것을 알고 싶으면 6sec.org/talents를 참조하라.

두뇌강점진단은 당신에게 다른 브레인 탤런트가 없다는 뜻이 아니라, 당신에게 가장 중요한 6가지 브레인 탤런트를 알려주는 것이다. 중요한 것은 어떻게 하면 그 브레인 탤런트를 더 잘 활용할 수 있을까다. 어떻게 하면 당신의 정서지능을 실생활에 가장 잘 적용할 수 있을까? 두뇌강점진단을 보면 통찰력이 생길 것이다. eg.org의 무료 e러닝 과정에 브레인 탤런트를 쉽게 설명해주는 동영상이 있다. 무료 교육과정은 아래와 같다.

1) 나의 브레인 스타일 My Brain Style

https://eq.org/learn/courses/brain/

2) 나의 브레인 탤런트 My Brain Talents

https://eq.org/learn/courses/brain-talents/

3) 인스파이어드:전문가용 개발 툴박스InspirED:Professional Development Toolbox

https://eq.org/learn/courses/inspired/

4) 부모를 위한 EQ 101 EQ 101 for Parents

https://eq.org/learn/courses/parents/

정서지능과 관련된 18가지 재능

정서지능과 관련된 18가지 재능은 크게 3가지로 나뉘고, 그 3가지 범주는 다시 2가지 하위 범주로 나뉜다. 첫 번째는 '집중Focus'으로, 그 안에 '이성적인 집중Rational Focus(인지 데이터 획득)'과 '감성적인 집중Emotional Focus(감정 데이터 획득)'이 포함된다. 두 번째 '결정Decisions' 범주 안에는 '평가를 위한 결정Evaluative Decision(위험평가)'과 '혁신을 위한 결정Innovative Decision(기회평가)'가 포함되어 있다. 세 번째 '동인Drive' 범주 안에는 '현실적 동인Practical Drive(현재로부터 에너지 획득)'과 '이상적 동인Idealistic Drive(미래로부터 에너지 획득)'이 포함되어 있다.

두뇌강점진단을 받을 경우, 당신은 이미 이 책을 다 읽었으므로

SEI EMOTIONAL INTELLIGENCE ASSESSMENT

Insights into your current "Brain Apps"
key tools for the people-side of performance

BRAIN TALENT PROFILE

For **Tony Kim**

Date: **December, 27 2018**

Like a smart phone app, a "Brain App" is a tool for your brain. These "apps" let you perform important processes using cognitive + emotional data to achieve results. These learned capabilities help people be effective at work and in life.

Your Top Brain Talents in Order

The 18 "Brain Apps" – your top 6 are highlighted:

Adaptability
The App helps brains sort through multiple perspectives, evaluating, and shifting gears when needed.

Reflection
Brains with this App are likely to assess risks and evaluate before jumping into action.

Critical Thinking
With this App, brains are apt to make better decisions by evaluating pros and cons for now and the future.

Design
This App enables long-term vision to be blended with accurately seeing the current reality.

Problem Solving
Brains running this App have energy to achieve plus the spark to generate new solutions.

Prioritizing
Brains with this app can identify logical possibilities and sort to identify what's important.

Rational   **Emotional**

Data Mining   Connection
Modeling   Emotional Insight
Prioritizing   Collaboration

Evaluative   **Innovative**

Reflection   Resilience
Adaptability   Risk Tolerance
Critical Thinking   Imagination

Practical   **Idealistic**

Proactivity   Vision
Commitment   Design
Problem Solving   Entrepreneurship

To learn more about your Brain Apps, access your free BTP Guide:
http://6sec.org/btigint.

To contact the person who provided you this profile: Seconds Six
<sei@6seconds.it>

sixseconds
THE EMOTIONAL INTELLIGENCE NETWORK

두뇌강점진단 진단결과 예시

아마 그 프로필을 쉽게 정서지능과 연결 지을 수 있을 것이다. 브레인 탤런트는 정서지능 실행단계와 비슷한 방식으로 활용할 수 있다. 예를 들어 '감정적인 집중'에 포함된 브레인 탤런트 중 하나는 '연결'로, 이는 결국 사람들 간에 상호이해를 구축하는 일이다. 짐작대로 이것은 또한 공감과 긴밀하게 연결되어 있다. 그러니까 '공감능력향상'을 실행하는 한 방법이 바로 '연결에 집중하는 일'인 것이다. 18가지 재능을 범주별로 구분해보면 다음과 같다.

집중 : 이성적인 집중

다음 3가지 능력을 통해 사람들은 이성적인 데이터를 효과적으로 처리한다. 또한 이 능력들은 식스세컨즈 정서지능 모델 3단계 중 '패턴인식'과 관련이 있다.

- 데이터 마이닝Data Mining : 데이터 중에 무엇이 중요한지를 알아내기 위해, 단서를 체크하고 패턴을 확인하며 불필요한 것들을 걸러낸다.
- 모델링Modeling : 가능한 길들을 찾기 위해, 사용 가능한 데이터로부터 가능성을 뒤진다.
- 우선순위 설정Prioritizing : 중요한 것들을 선별하기 위해, 각종 옵션들을 평가해 제약사항에 대비해 결과가 가장 좋은 옵션을

확인한다.

집중 : 감정적인 집중

다음 3가지 능력을 통해 사람들은 감정적인 데이터를 효과적으로 처리한다. 또한 이 능력들은 식스세컨즈 정서지능 모델 3단계 중 '공감능력향상', '정서지능향상'과 관련이 있다.

- 연결Connection : 좀 더 발전적인 인간관계를 위해 마음을 열고 감정을 반영하며 '인간 와이파이'에 주파수를 맞춘다.
- 감정적 통찰력Emotional Insight : 다른 사람들을 이해하고 또 그들과 당신의 관계를 이해하기 위해, 다른 사람들의 감정들을 감지해 그 데이터를 이해해야 한다.
- 협력Collaboration : 효율적인 관계를 구축하기 위해, 다양한 필요들 간에 균형을 잡고 서로 함께할 수 있는 올바른 감정상태를 만들고 유지해야 한다.

결정 : 평가를 위한 결정

다음 3가지 능력을 통해 사람들은 위험을 평가하고 자신을 보호한다. 또한 이 능력들은 식스세컨즈 정서지능 모델 3단계 중 '결과예측 사고'와 관련이 있다.

- 심사숙고Reflection : 모든 걸 잠시 멈추고 한걸음 물러나 평가하면 사안이 더욱 명료해진다.
- 적응Adaptability : 관점을 바꾸기 위해, 신중히 평가하고 새로운 것들을 이해하고 받아들이는 쪽으로 방향을 튼다.
- 비판적 사고Critical Thinking : 불확실한 것들을 이해하기 위해, 평가하고 적응한 뒤 장기적인 관점에서 통찰력을 발휘한다.

결정 : 혁신을 위한 결정

다음 3가지 능력을 통해 사람들은 가능성들을 찾아내고 만들어 낼 수 있다. 이 능력들은 식스세컨즈 정서지능 모델 3단계 중 '낙관성발휘', '감정처리'와 관련 있다.

- 탄력Resilience : 장애물들을 극복하기 위해, 기회를 잡고 나름의 해결책을 찾아낸다.
- 위험감수Risk Tolerance : 복잡한 것들을 다루기 위해 미래의 잠재력에 집중하며 자신의 감정 에너지를 스스로 관리한다.
- 상상력Imagination : 미지의 것들을 상상하기 위해, 감정적인 마음의 문을 열고 인지적인 명료성을 높인다.

동인: 현실적 동인

다음 3가지 능력을 통해 사람들은 생각을 실행에 옮기고 에너지를 모아 더 좋은 결과를 만든다. 이 능력들은 식스세컨즈 정서지능 모델 3단계 중 '내적동기부여'와 관련 있다.

- 선제적 조치Proactivity : 문제가 생기기 전에, 또는 해결하기 위해 다른 사람들의 도움을 기다리지 않고 자신의 내적동인을 활용해 대응한다.
- 전념Commitment : 중요한 것에 지속적으로 관심을 기울이기 위해, 내적 동인을 일깨워 자신의 장기적인 비전에 연결 짓는다.
- 문제해결Problem Solving : 결과를 신속하게 도출하기 위해, 현재와 미래 양쪽에 다 집중하면서 감정적인 에너지를 만들어낸다.

동인: 이상적 동인

다음 3가지 능력을 통해 사람들은 미래를 예견하고 창출한다. 이 능력들은 식스세컨즈 정서지능 모델 3단계 중 '고귀한 목적추구'와 관련이 있다.

- 비전Vision : 밤길을 인도하는 북극성 같은 당신의 가치들에 늘 연결되어 있도록 한다. 그래야만 무엇이 진정으로 중요한지 알

수 있다.

- 디자인Design : 지금의 현실과 장기적인 비전 모두에 대해 숙고해 방향을 명확히 한다.
- 기업가 정신Entrepreneurship : 비전을 향해 나아가기 위해, 미래를 내다보고 그 미래로 가는 데 필요한 에너지를 찾아낸다.

위와 같은 18가지 재능에 대해 평가해보면 자신의 능력을 점검할 수 있고, 활용할 수 있는 강점과 보완해야 할 취약점을 찾아낼 수 있다. 직접 평가를 해보고, 어떤 도움이 되었는지 생각해보기 바란다.

육아에 정서지능을 활용해본 사례

한 인간에게 있어, 다른 인간을 사랑한다는 건 아마 가장 힘든 일이며,
궁극적으로 마지막 시험이자 증거일 것이다.
사랑하는 일에 비하면 다른 일들은 다 준비운동에 불과하다
—라이너 마리아 릴케

육아는 나 자신의 '목적'의 일부이기도 하다. 물론 기업이나 조직에 대한 얘기는 아니지만 리더십에 대한 통찰을 주는 내용이라 부모가 아닌 누가 읽어도 도움이 된다.

나는 밖에서는 조직의 리더이지만, 집에 가면 아버지다. 부모가 된다는 건 한 인간으로서 내 진실성과 자질에 대한 진정한 시험 같았다. 라이너 마리아 릴케Rainer Maria Rilke의 말을 빌리자면, "육아에 비하면, 다른 일들은 다 준비운동에 불과하다." 내게 좋은 아버지가 된다는 것은 내 삶에 큰 성공이다. 반대로 다른 모든 일을 잘해도 좋은 아버지가 못 되면, 내 삶은 실패나 다름없다. 나는 좋은 아버지가 되려면, 좋은 리더이자 성공한 사람이 되어야 한다고

믿는다. 이제 우리는 '직장 혹은 가정'이란 개념에서 '직장과 가정'이라는 개념으로 사고의 틀을 완전히 바꿔야 한다.

15년 전쯤 이 책 초판에서 나는 이렇게 썼었다. "오늘날 우리는 도덕적 혼돈과 두려움의 시대에 살고 있다. 지금 전 세계의 아이들은 그 어떤 세대의 아이들보다 더 가정과 사회로부터 단절되어 있고, 매일 쏟아져 나오는 돈과 섹스와 힘에 대한 피상적인 메시지들에 파묻힌 채 위험과 가난 속에 자라나고 있다." 그리고 정말 참담하게도, 지금의 상황은 그때보다 훨씬 더 나빠진 것 같다.

내가 처음 이 책을 쓰기 시작했을 때 5살도 안 됐었던 그 아이들이 지금은 대학에 다니고 있는데, 그사이에 나는 아이들로부터 많은 것을 배웠고, 또 육아를 어떻게 해야 하나 고민하면서 알게 된 것도 정말 많다.

나는 내 아이들이 멋지고 강하고 똑똑하며 따뜻하다는 걸 잘 알지만, 아이들에게 이런저런 영향들을 주는 주변 환경이 두렵다. 각종 약물과 알코올에 너무 쉽게 노출되는 것도 두렵고, 매일 쏟아져 나오는 매스컴의 영향도 두렵지만, 정말 두려운 건 다른 일이다.

어른들 사이에서 스트레스가 증가하면서, 그게 각 가정은 물론 아이들에게도 영향을 주고 있다. 미국 심리학회의 최근 연구에 따르면, 지금 역사상 처음으로 청소년들이 어른들보다 더 큰 스트레스를 받고 있다고 한다. 영국과 호주에서도 이와 유사한 연구들이 진행되는 걸 지켜봤는데, 일본과 이탈리아, 싱가포르, 리투아니아 등 여러 국가에서도 10대들이 어른들보다 더 큰 스트레스를 받고 있다고 한다. 아이들이 24시간 붙어 있는 소셜 미디어도 분명 스트레스의 한 요인일 것이다.

그러나 정말 두려운 건 스트레스의 심리적 영향들이다. 정신건강 문제는 끔찍할 정도로 가파르게 증가하고 있다. 어른이고 아이고 할 것 없이 모두 전례 없이 높은 불안장애와 우울증을 앓고 있다. 우리 몸의 세포 차원에서, 또 일상생활 차원에서, 우리가 감정적인 환경에 영향을 주고 있고, 감정적인 환경이 다시 우리에게 영향을 주고 있는 것이다.

우리는 수없이 많은 커뮤니케이션 수단을 갖고 있지만, 그러면서도 대화다운 대화는 하지 못하고 있다. 또 우리의 건강상태를 숫자로 보여주는 수많은 앱이 있지만, 대부분이 그다지 건강하지 못하다. 그뿐 아니다. 서로 연결할 수 있는 수단이 수없이 많지만, 그러면서도 점점 더 큰 단절감과 고립감을 느끼고 있다.

어느 날 싱가포르에서 이런 현상을 두 눈으로 직접 목격했다. 당시 나는 묵고 있던 호텔에서 점심을 먹고 있었는데, 바로 옆 테이블에 화목해 보이는 한 중국인 가족이 앉아 있었다. 아빠와 엄마 그리고 10대 딸이었는데, 다들 호텔 분위기에 맞는 우아한 옷차림을 하고 있었다. 그런데 식사 시간 내내 그 테이블은 쥐죽은 듯 조용했고, 소녀와 아빠는 눈도 잘 마주치지 않았다. 그러다 잠시 엄마가 화장실에 갔고 아빠는 전화를 받으러 휴대폰을 들고 밖으로 나갔다.

바로 그때 주문한 음료수가 나왔다. 알록달록한 과일들이 꼬치에 꽂혀 있는 아주 멋진 핑크빛 칵테일이었다. 드라이아이스에서 연기도 무럭무럭 나고 있었다. 소녀는 드라이아이스 연기로 뒤덮인 테이블에 홀로 앉아 있었는데, 표정이 매우 어두웠다. 왠지 애처롭고 외로워 보였다. 분명 그 흥분된 순간을 꿈꿔왔을 텐데, 현실이 자신의 꿈과 너무 달랐던 것이리라. 그야말로 현대 가정의 자화상이 아닐까?

쉬운 해결책은 없다. 그러나 시도해볼 수 있는 대안은 있다. 우리는 '자신을 알고, 선택하고, 주라'는 KCG 모델을 통해 더 나은 선택들을 할 수 있고, 아이들에게 꼭 가르쳐야 할 교훈들을 가르칠 수 있고, 또 그 아이들에게서 귀중한 지혜를 배울 수도 있다. 그리고 가장 효과적인 것은, 아마 아이들과 함께할 때 어떤 모습을 보이느냐일 것이다.

가정에서도 정서지능이 필요할까?

정서지능에 관한 한 나는 나 자신이 아주 유능하다고 생각했었다. 그러다 막상 아이들을 갖고 보니, 내 삶에서 육아보다 더 힘들고 보람 있는 일은 없었다. 내 경우 정말 힘들었던 것은, 육아와 관련해 늘 하던 패턴대로 반응하는 것과 진정으로 해야 할 일을 하는 것 사이에 균형을 맞추는 일이었다. 패턴에 의한 무의식적인 육아와 최선을 다하는 육아 사이의 갈등 같은 게 있었다.

내 아이들은 사람 열 받게 하는 데 도가 텄다. 아마 대부분의 아이들이 마찬가지겠지만. 이성을 잃지 않고 침착하게 대응하려고 애쓰는 순간에도, 그 애들은 인정사정없이 나를 '반응의 에스컬레이터' 위로 밀어붙이곤 했다. 그런데 어찌 보면 또 나는 그 애들이 싸우거나 칭얼대거나 풀이 죽어 있을 때 과잉반응을 보이면서 끔찍한 패턴들을 반복했다.

그런데, 자랑 같겠지만 내 아이들은 늘 총명하고 따뜻하고 쾌활하며, 그래서 내 머리와 가슴 속에는 감동적인 '스냅 사진들'로 가득하다. 딸아이가 다섯 살 때 처음으로 혼자 자전거를 탔던 일, 잠잘 시간에 아이들이 손전등을 들고 자기만의 영화를 찍던 일, 난생처음으로 참석하는 캠프에 데려다주었던 일, 운전면허를 따고 와서 나를 꽉 안아주었을 때…. 나는 이런 순간들을 더 많이 갖고 싶었다. 이럴 때는 감정폭발 같은 게 일어날 일이 거의 없기 때문이다.

내가 무의식적인 반응을 보일 때, 그건 사실 아이들과는 거의 아무 상관이 없다. 그건 순전히 아이들의 모습 속에서 나 자신을 보고 있거나, 아니면 내가 아이들에게 가르칠 게 없다는 걸 두려워하고 있는 것이다. 그런 점에서도 식스세컨즈 정서지능 모델은 너무도 유용하다. 정서지능 모델을 토대로 나 자신에게 다음과 같은 질문들을 던지는 것이다.

- 자신을 알라. : 나는 지금 어떤 감정 상태인가? 나는 지금 어떤 패턴들을 따르고 있는가?
- 스스로 선택하라. : 내가 만일 낙천적으로 느끼고 생각하고 행동한다면 어떤 옵션이 있을까? 이런 감정에는 어떤 통찰력이 들어 있는가? 나는 어떤 감정을 갖고 싶은가? 어떻게 하면 그런 감정을 가질 수 있을까? 그런 변화에 필요한 에너지는 대체 어디서 찾아야 할까?
- 자신을 주어라. : 아이들에게 지금 어떤 일이 일어나고 있는 건가?

이런 식으로 계속 생각하다 보면, 더 나은 결정들을 내릴 수 있다. 그리고 아버지로서 또 한 인간으로서 계속 뭔가를 배우며 성장할 수 있다.

직장이냐, 가정이냐

내가 알고 지내는 사람들은 거의 다 직장 일과 가정 일 사이에서 큰 갈등을 겪곤 한다. 직장에서 제대로 성공하려면 실로 많은 시간과 에너지를 쏟아부어야 한다. 내 고객들과 친구들은 직장과 가정 모두에 최선을 다할 수가 없다고, 그럴 만한 시간과 에너지가 없다고 하소연한다. 이해가 된다. 나도 살아오면서 늘 그게 문제였으니까.

딸아이가 여덟 살쯤 됐을 때, 나는 어떤 기사를 쓰다가 그 애에게 이렇게 물었다. "우리 집에서 중요한 게 뭘까?" 아이의 대답에 나는 깜짝 놀랐다. 내가 마음속에 계속 간직하고픈 말이었기 때문이다. "아빠한테는 사람들을 돕는 게 중요해."

그 순간 나는 '아, 내 아이들이 늘 나를 지켜보고 있구나.' 하는 생각을 했다. 내가 내 일에 대해 얘기하는 걸 듣고, 일하는 걸 직접 지켜보면서, 아이들은 일에 대해 배우고 세상을 긍정적으로 변화시켜야 한다는 책임에 대해 배우며, 어른이 된다는 것에 대해 배운 것이다.

당신의 자녀들이 당신이 하는 일에 대해 얼마나 알고 있는가? 당신이 왜 그 일을 하는지 알고 있는가? 그 일이 어떤 식으로 세상에 기여하는지 알고 있는가?

당신의 일을 목적에 연결시키고, 그것을 제대로 보고 느낄 수 있다면, 당신 가족들에게도 전달할 수 있다. 가족들 또한 당신이 열심히 일하고 있고, 그 일이 진정한 의미를 갖고 있다는 걸 알게 될 것이다. 다시 말해, 당신의 일 그 자체가 가족들에게 중요한 교훈이 될 수 있다.

시간이 없어 아이들과 함께하지 못한다는 건 그저 핑계일 뿐이다. 내 일은 출장이 잦아서 한 달에 1~2주일씩 나가 돌아다니는 경우도 많다. 그런 상황에서 아이들과 긴 시간을 함께 보낸다는 것은 정말 힘든 과제다. 그래서 나는 출장 중에도 전화든, 이메일이든 아이들과 자주 연락을 하고, 집에 돌아와서는 더 많은 시간을 함께 보내려고 애쓴다. 아마 이런 일은 앞으로도 계속될 것이다.

최고의 리더십 훈련, 육아

내 아이들은 나에게 가장 좋은 정서지능 스승이었다. 늘 마음을 열고 아이들이 필요로 하는 것, 아이들의 문제, 아픔, 희망에 관심을 기울였고, 언제든 내게 의견을 이야기하거나 이의를 제기할 수 있는 분위기를 만들어주려고 노력했다. 그 과정에서 나는 한 인간으로서, 또 한 리더로서 성장할 너무도 소중한 기회를 얻었다.

직원들이 단순히 월급 때문에 자신의 일에 최선을 다해 일하는 게 아니듯, 아이들 역시 단순히 부모가 그렇게 하라고 해서 최선을 다하지는 않는다. 그리고 아이들이 최선을 다하게 하려면 부모가 좋은 영향을 주어야 한다. 그러자면 먼저 자신이 최선을 다해야 하고, 또 자신의 말에 최대한 귀 기울여야 한다. 좋은 부모가 될 수 있다면 좋은 리더도 될 수 있다.

리더에게 가장 중요한 정서지능 관련 과제는 '현재에 충실해지는 것'이다. 나는 보통 세 단계 앞서 생각하면서 현재의 업무에 집중한다. 그리고 주변 사람들에게 의미 있는 관심을 쏟기 위해 의도적으로 노력한다. 물론 이것은 가정에서도 그대로 적용된다. 자, 이제부터 내가 어떻게 과학자처럼 나 자신을 관찰하고 또 그 관찰결과를 활용했는지 예를 들어보겠다.

- 아이들이 소란을 피우거나 싸울 경우, 나는 내 서재로 들어가 문을 닫고 컴퓨터를 켠다.
- 내가 딸아이에게 그날 있었던 일을 얘기해보라고 하면, 아이는

"잘 지냈어. 하지만 아빠한테 말하고 싶지 않아." 이런 식으로 말한다. 그러면 나는 내 서재로 들어가 문을 닫고 컴퓨터를 켠다.

- 저녁식사 시간이 다됐다. 아내는 저녁 밥상을 차리고 있고 아이들이 돕고 있다. 그런데 사방이 온통 장난감이고, 나는 어떻게 해볼 엄두가 안 나서 내 서재로 들어가…. 그 뒤는 말 안 해도 알 것이다.

이런 행동에 대해 내 자신을 합리화하는 건 쉬운 일이지만, 그러면 상당한 대가를 치러야 한다. 친밀감과 영향력을 상실한 남편이 되어 아내에게 아무 도움도 주지 못하고, 그런 나를 보면서 내 아이들은 똑같은 걸 배운다.

식스세컨즈 정서지능 모델 적용하기

- 자신을 알라.: 감당이 안 될 것 같은 기분이다. 그런 경우 내 패턴은 물러나는 것이다.
- 스스로 선택하라.: 결과예측사고를 적용해보면, 이런 패턴이 대가가 크다는 걸 알게 된다. 이런 감정을 잘 처리하다 보면,

그 감정 밑에 좋은 아버지가 되지 못할 것 같다는 두려움이 숨겨져 있는 게 보인다. 또한 그 두려움 밑에는 내 아이들에게 자신의 잠재력을 맘껏 펼칠 기회를 주고 싶다는 간절함이 숨겨져 있다. 그럴 때 낙천적인 생각을 하면, 아버지로서 내가 하는 선택이 아이들의 미래를 바꿀 수 있다는 사실이 보이기 시작한다.

• 자신을 주어라.: 공감능력을 발휘해보면, 아이들이 잠시도 가만히 있지 않는 건 실은 기쁨의 표현이므로 그 모든 소란이 삶의 축복인 것이다. 그럴 때 내 궁극적인 목적을 떠올리면, 현재에 충실해질 필요가 있다는 걸 쉽게 알 수 있다.

"내가 당신을 중요하게 여기고 있다."

6장 '스스로 선택하라'에서 나는 만두 먹는 얘기를 했었다. 뭔가 다른 생각에 빠져 아무 맛도 느껴지지 않는 만두를 먹는 게 좋은지, 아니면 먹는 일에 몰두해 만두의 맛을 제대로 즐기는 게 좋은지. 아이들(혹은 배우자)과 함께하는 시간도 마찬가지다. 아주 잠깐씩 거의 형식적으로 아이들과 시간을 함께할 수도 있고, 그 순간만큼은 완전히 몰입해 제대로 시간을 보낼 수도 있다.

아내와 내가 아이를 갖기로 마음먹었을 때, 그야말로 하늘의 별들이 모두 움직여 새로운 별자리가 만들어지는 기분이었다. 처음엔 엠마가, 그다음에는 맥스가 그 별자리의 일부가 되었다. 우리는 그 아이들을 이 세상에 데려와 최선을 다해 보살피기로 선택했다. 그렇게 보살피려면 아이들의 몸에 영양분을 제공해줄 음식이 필요하고, 마음을 자라게 할 교육이 필요하며, 가슴과 정신을 자라게 할 사랑이 필요하다.

매일 나는 지켜본다. 부모의 관심이 어떻게 아이들을 보호해주는 울타리가 되고, 아이들에게 마음 놓고 자랄 수 있는 기회가 되어주는지를. 그리고 부모가 보살피고, 귀 기울이고, 지켜보는 속에서 아이들은 마음껏 자기들의 세상을 구석구석 탐구한다.

나는 솔직히 이런 일이 가져다줄 보상은 전혀 예상하지 못했다. 아이들이 내게 주는 관심이 얼마나 큰 영향을 주는지 몰랐던 것이다. 누가 내게 이처럼 뜨거운 관심을 주었을까? 나라는 하찮은 존재를 누가 그렇게 중요하게 여겨주었을까? 출장 갔다 돌아오면 아이들은 "아빠! 아빠! 아빠!" 하며 달려온다. 내 삶에서 뭔가 큰 변화가 생겼고 내 존재가 중요해진 것이다. 맥스는 순전히 내가 있나 궁금해서, 서재 문을 열고 살짝 웃으며 "안녕, 아빠!" 하고 그냥 가버린다. 그럴 때마다 나는 가슴 안에 뭔가 천사 같은 게 들어왔다 가는 기분이다. 뭐라고 표현하기 힘든 완벽한 순간, 매일 영원히 누리고 싶은 그런 순간!

그런데 나는 가끔 너무 많은 생각을 하며 사는 게 벅차게 느껴진다. 말과 선택에 신경 쓰지 않고 그냥 살고 싶다. 존경을 받고 싶지도 않다. 아니, 사실 그런 의무감을 느끼고 싶지 않다. 나는 환상 같지만 근심걱정 없는 삶을 원한다. 그저 나 자신에 대해서만 걱정하면 되는 거짓말처럼 편안한 삶 말이다.

다른 부모들은 종종 내게 이런 말을 한다. 살면서 가장 힘들 때가 아이들이 10대가 되어 더 이상 부모를 신경 쓰지 않는 걸 깨달을 때라고. 물론 겉으로는 그처럼 '쌀쌀맞게' 행동하지만 아이들은 여전히 신경 쓰고 있다. 그러나 시간이 지나면 아이들의 관심사는 바뀌고, 아이들이 살아갈 세상도 점점 더 커진다. 그리고 아빠와 엄마는 여전히 특별한 존재지만, 아이들은 그 세상으로 나아간다.

지금 내 아들은 나보다 키가 한참 더 크고, 딸아이는 몇 해째 함께 살지 않는다. 10대 시절의 투쟁은 처절했다. 그래서 나는 이 힘든 고비가 빨리 지나가기를 바라고 바라고 또 바랐다. 나는 아이들을 좋아하고, 늘 그 아이들이 다음 단계로 나가는 걸 보고 싶다. 또한 아이들의 자율성을 존중한다. 하지만 종종 어린 시절의 모습들이 떠오른다.

아이들이 어렸을 때, 우리는 그냥 함께하며 그 순간에 몰입했다. 그때 나는 아이로부터 보살핌을 받는 듯한 감정을 느끼곤 했다. 아이들이 관심을 주는 방식과 그 느낌에 매료된 것이다. 아이들은 이제 다 자랐지만 지금도 그렇게 할 수 있을 것이다. 삶이 점점 더 바빠지고 이런저런 온갖 '해야 할 일들'과 '바라는 일들'에 둘러싸이더라도, 그 놀라운 능력을 그대로 유지했으면 좋겠다.

우리는 마음의 힘만으로도 누군가를 보살피고 헌신할 수 있다. 주는 사람은 무료로 주지만, 받는 사람에겐 더없이 귀한 것. 그저 별 의미 없는 인사말을 건네는 정도의 시간만 투자하면 된다. 매일 잠시라도 서로 온전한 관심을 주고받을 때, 우리의 직장과 학교, 경찰서, 관공서는 엄청나게 변화할 것이다. 슈퍼마켓에서 쇼핑을 하거나 공원을 산책할 때, 그저 진실한 마음으로 서로를 쳐다보고 미소 지으며 인간으로서의 동질감을 공유한다면 말이다.

누군가에게 "내가 당신을 중요하게 여기고 있다."고 말하는 순간, 우리는 타고난 사랑과 가치를 되찾게 된다. 당신은 소중한 존재이고, 당신이 주는 관심이라는 선물은 주변의 모든 사람들에게 더없이 소중한 것이다.

아이들에게 줄 수 있는 가장 좋은 선물은, 우리 자신의 정서지능을 실행에 옮기는 일일 것이다. 스스로를 인식하고, 뚜렷한 의도와 목적을 갖는 일 말이다. 그리고 그렇게 정서지능을 실행에 옮기다 보면, 아이들과 공유하게 될 것이다. 가르치려 하기보다는 직접 실행하는 것, 그것이 가장 중요한 유산이 될 것이다.

이 세상의 변화는
6초면 충분하다

"식스세컨즈Six Seconds? 6초?"

미국 캘리포니아에 있는 비영리 교육기관 이름입니다. 슬로건
도 거창합니다.

"이 세상의 변화는 6초면 충분하다It takes only six seconds to change
the world."

세계 곳곳에 숨어 있는 교육 프로그램과 진단도구를 찾는 게 직
업인 저는 6세컨즈를 처음 만난 순간 끌렸습니다. '뭐가 얼마나 대
단하기에 6초로 세상을 바꾸니 구하니 할까?' 갈까 말까, 볼까 말
까 망설임 끝에 인터넷에서 우연히 발견한 그들을 직접 확인하고
싶었습니다. 여유롭지 않은 형편이었지만 지난 2년 동안 미국, 싱

가포르, 두바이, 태국, 중국 등 여러 나라에서 식스세컨즈 스태프들을 만났습니다.

결론부터 말씀드릴까요? 제 남은 인생을 식스세컨즈와 함께 하기로 했습니다. 우연히 알게 된 생면부지 친구와 여생을 보내기로 결심했다고 하면 다들 의아해하며 묻더군요. "그렇게 좋아? 재미있어? 돈이 되겠어?" 사업가로서 이래서는 안 되겠지만 저에게 식스세컨즈는 재미, 돈을 넘어 저를 움직이는 또 다른 동력이 되었습니다.

지난 20여 년간 수많은 콘텐츠를 배우고(그중에는 수강비용만 수천만 원이 넘는 프로그램도 있었습니다.) 고객들께 모든 문제를 풀 수 있는 만능열쇠처럼 포장해서 가르치고 컨설팅했습니다. 그런데, 솔직히 말해서 저부터 제대로 실천하지 못했습니다. 절실하지 않아서 그런지 대부분 하다 말다 하며 흐지부지되더군요. 그러다 또 새로운 콘텐츠다 싶으면 해보고 안 되면 또 그만두고. 지난 20년간 시행착오를 반복해왔습니다. 리더십 강사가 리더십이 가장 없고, 커뮤니케이션 강사가 말이 가장 안 통한다는 질책을 들을 때마다 뜨끔합니다. 제 얘긴가 싶어서요.

식스세컨즈가 만든 정서지능 KCG모델, 8가지 역량, 바이탈사인은 제가 배우고 익힌 수많은 방법론과 스킬들 가운데 유일하게

제 말과 행동에서 실제로 작동했습니다. 신기할 정도로 제 인생의 매순간(갈까 말까, 줄까 말까, 할까 말까, 말할까 말까 같은 선택의 순간) 식스세컨즈는 강력한 영향력을 발휘했습니다. 한 2~3년만 일찍 만났다면 단언컨대, 지금 제 사업, 가족, 건강은 전혀 다른 모습이었을 겁니다.

알고 보니 식스세컨즈, 6초라는 게 사실 그렇게 대단한 것도 아니었습니다. '6초만 참자!'가 핵심입니다. 그런데 왜 굳이 6초일까요? 왜 6초가 중요할까요? 어떻게 6초를 리액트(react, 의도하지 않은 반응) 하지 않고 래스폰드(respond, 의도한 반응)로 바꿀지 훈련 중입니다.

화anger와 관련해 좋은 소식과 나쁜 소식이 있습니다. 먼저 좋은 소식은, 아무리 화가 나도 그 화는 6초면 사라진다는 것입니다. 왜냐하면 '화가 난다'는 현상의 실체는 우리 뇌 안에 에피네프린epinephrine과 같은 호르몬이 생기는 신경생리학적인 현상인데, 다행히 이 녀석의 수명이 짧습니다. 겨우 6초입니다. 즉 아무리 열 받고 화가 나더라도 6초만 참으면 이 세상에 갈등은 없습니다. 6초만 버티면 이 세상은 평화입니다! 그러나 나쁜 소식은, 그 6초를 참는다는 것이 거의 불가능하다는 것입니다.

사람은 자극에 따라 반응을 합니다. 어떤 말과 행동으로 반응할까 결정하는 그 순간까지 소요되는 시간은 불과 0.25초라고 합니다. 예를 들어, 누군가 나에게 욕을 합니다(자극이 들어옵니다). 그럼 되받아서 욕해줄까, 때려줄까, 따질까 같은 반응을 결정하는 직전까지 약 0.25초! 6초는 0.25초의 무려 24배입니다. 그렇게 길고 긴 6초를 참을 수 있을까요? 이성적인 나를 놓친 그 순간, 1분만 뒤로 물리고 싶은 그때 그 순간이 잦은 사람에게 "감정적으로 반응하지 말고 이성적으로 행동해라. 감정을 숨겨라. 팩트fact만 봐라." 해본들 부질없는 조언 아닐까요? 물론 어쩌다 한번 스스로를 통제하더라도 항상 한결같이 '꾹 참기'는 쉽지 않습니다. 잘 안 됩니다. 굉장히 불쾌하고 화가 날 때, 6초는 무척 깁니다.

1997년, 미국 캘리포니아 어느 학교 선생님 세 분이 바로 이 '6초'에 관심을 가졌습니다. "6초 안에 벌어지는 수많은 생각think, 감정feeling, 행동action의 메커니즘은 무엇인가? 어떻게 하면 6초 안에 만들어지거나 사라지는 감정(또는 정서)을 더 현명하게being smarter 사용할 수 있는가?" 이것을 연구개발하고 비영리단체를 만들어 세상 곳곳에 선한 영향력을 발휘하게 되었습니다.

그런데 처음에 이들이 의도한 것은 학생, 교사, 학부모를 위한 감정(정서) 프로그램이었습니다. 여러 학교 현장에 전파하려 했던 것이죠. 하지만 의도와 달리 다른 곳으로 퍼져나갔습니다. 싱가포르에서 일하는 비즈니스맨, 남아프리카공화국에 있는 변호사 등 오히려 학교가 아닌 곳에 있는 사람들이 식스세컨즈 프로그램에 참가하고 싶다고 연락을 해온 것입니다. 그로부터 20년 뒤 식스세컨즈는 전 세계 167개국, 400만 명 이상이 프로그램과 진단에 참여했고, 25개국 이상에 지역 사무소를 두고 6만 5,000여명 이상의 네트워크 리더가 식스세컨즈가 개발한 방법론과 시스템으로 '행복과 성공'이라는 두 마리 토끼를 함께 잡기 위해 노력하고 있습니다.

우연을 가장한 필연처럼 맺어진 식스세컨즈와의 인연! 지난 2년간 다양한 식스세컨즈 콘텐츠와 진단시스템을 우리말과 글로 재탄생시키는 과정이 마치 아가를 만나는 산통 같았습니다. (이 글을 먼저 읽어준 제 아내가 '네가 산통을 어떻게 아느냐'라는 표정을 짓습니다만 어쨌든 힘들었습니다.) 얼마 전 식스세컨즈 글로벌 CEO인 이 책의 저자 조슈아 프리드먼과 한국에서 첫 식스세컨즈 정서지능 행사를 치렀습니다. 기대 이상으로 많은 분들이 참석해주셔서 깜짝 놀랐습니다. 워크숍 참가자들과 공감했던 식스세컨즈 특징은 크게 3가지입니다.

첫째, 감정·행동이 서로 유기적으로 작동하는 감정(또는 정서) 메커니즘을 뇌과학, 신경생리학적으로 연구하고 그 결과를 IT기술로 구현하고 있습니다.

 1995년 대니얼 골먼의 《감성지능》이 감정(정서)를 배우고 익혀야 하는 당위성까지만 만들었다면 식스세컨즈는 일상에서 실천하는 방법론을 제시할 뿐만 아니라 훈련 기회까지 제공하고 있습니다. 식스세컨즈를 만나며 더욱 놀라운 점은 예일대학교 총장인 피터 샐로비의 탄탄한 기반이론을 바탕으로 현장 중심의 발로 뛰는 연구개발로 지속적인 콘텐츠와 측정도구/시스템을 만들고 업데이트한다는 사실입니다. 여러분은 많은 진단도구중 2가지를 무료로 체험하시게 됩니다.

 둘째, 말과 행동이 변하는 '변화'와 그 변화를 위한 실용적인 방법론에 집중하고 있습니다.

 감정을 표현하는 영어단어는 이모션emotion, 필링feeling, 무드mood 등이 있습니다. 물론 이 어휘들을 조금 더 들어가면 다른 의미가 있을 수 있지만 통상 지속시간time으로 구분하기도 하는데요. 우리말로 옮기는 과정에서 감정, 감성, 정서, 느낌 등과 같이 표현이 더욱 다양해집니다. 그만큼 우리말과 글이 풍성하다는 증거겠지만, 가끔 emotion과 feeling을 번역하고 사용하는 과정에서 이견이 있다는 사실을 알게됐습니다. 그러나 이 책에서는 emotion, feeling을 감정, 감성, 정서로 혼용하기도 하고 감정(감성)지능을 '정서지능'이라는 표현으로 사용하겠습니다. 이름이 무엇이든 이모셔널 인텔리전스Emotional Intelligence 학습과 활용에 집중했습니다.

셋째, 필요하고necessity 충분한sufficiency 조건까지는 아니더라도 필요조건은 충분히 갖추고 있다 자부하는 철학이자 방법론입니다.

식스세컨즈 정서지능 모델의 척추backbone인 KCG 프로펠러와 정서지능을 구성하는 8대 역량(즉, 정서지능을 높이기 위해서 필요한 8개 능력)에 대해 "이게 다냐? 뭐 좀 부족한 거 아니냐?"라는 질문을 받곤 합니다. 맞습니다. 어떻게 사람의 감정, 정서학습을 단 8개로만 규정할 수 있을까요? 불가합니다. 다만, 식스세컨즈는 짧지 않은 시간, 적지 않은 개인과 조직을 대상으로 정서지능 향상을 위한 핵심동인을 연구했고 현재 그 결과로 8개 역량를 활용하고 있습니다. 정서지능을 구성하는 전부로 단언할 수 없지만 꼭, 필요한 조건으로 충분하다 자부하고 있습니다. 물론 글로벌R&D센터를 두고 계속 연구를 하고 있습니다. 2020년에는 한국에서 진행된 여러 진단과 과정을 연구한 보고서가 나올 예정입니다.

행복은 성공의 원인일까요, 결과일까요? 다시 말해, 행복하고 성공하겠습니까? 성공하고 행복하겠습니까? 언젠가 상담이 필요했던 중학생에게 이 질문을 할 기회가 있어 물었습니다. "행복은 성공의 원인일까, 결과일까?" 그 친구가 바로 저에게 되묻더군요.

"개고생하다 성공해서 나중에 행복할래? 아니면, 지금 이 순간을 행복하게 보내고 나중에 성공할래?" 이런 질문이냐고요. 중2한테 딱 걸렸습니다. 자기는 지금 행복해야겠답니다. 상담해주러 갔다가 상담받고 왔습니다.

얼마 전 어느 유명 배우가 무려 8,100억 원이라는 천문학적인 액수를 기부해서 화재가 됐습니다. 그는 촌철살인의 한마디도 남겼습니다. "잘 먹고 잘 입고 잘 타고 다니는 겉치레보다는 내적 풍요로움이 중요하다." 자, 어떤 감정이 생기시나요?

하나 더 묻겠습니다. A는 돈과 권력이 굉장히 많지만 하루하루 살아가는 삶이 지옥 같고 불행합니다. 반대로 B는 돈이나 권력은 없지만(끼니까지 걱정할 만큼 절대빈곤은 아닙니다) 매일매일이 즐겁고 행복합니다. 여러분은 A와 B 중 어떤 삶을 선택하시겠습니까? 물론 A와 B를 합치면 최상의 조건이지만, 대부분 B를 선택합니다. 부족하지만 하루하루 안분자족安分自足하며 살아가면 행복할 수 있다고 믿으니까요. 손에 쥔 물질은 적지만 내적으로 풍요로우니까요.

문제는 바로 여기에 있습니다. 어떻게? 어떻게 가진 재물이 없지만 매일 안분자족하며 살아갈까요? 어떻게 내적으로 풍요로워질까요?

혼자 살아가는 무인도라면 모르겠지만 함께 어울리고 때로는 부딪혀야하는 일상에서 안분자족한다? 어렵지 않을까요? 행복하고 평화롭게 살고 싶지만 그렇지 못할 때는 어떻게 해야 할까요? 내적으로 풍요롭지 못할 때 어떻게 할까요? 집에서, 학교에서, 직장에서 괴롭고 힘들 때 또 이런 괴로움이, 싸움이 반복될 때 어떻게 할까요? '어떻게'에 해당하는 솔루션을 학교에서 배웠다면 얼마나 좋을까요?

식스세컨즈는 가정, 학교, 회사에서 배우지 못했던(혹은 적게 배웠던) 삶에서 필요한 행복과 성공을 위한 요소factor를 정의할 뿐만 아니라 성공을 위한 실천가능한 행동방법론을 단순하지만 강력한 실천모델인 123 KCG와 8가지 역량으로 알려줍니다. 그리고 그 역량들을 측정해볼 수 있는 진단 시스템까지 제공해 각자에게 필요한 행복과 성공요소Success factor를 점검하도록 도와줍니다.

힘들고 지칠 때마다 123 KCG 프로펠러를 돌립니다.
무거운 제 인생이라는 배가 조금씩 앞으로 나가고 있습니다.

– 옮긴이 김태균

| 지은이 |

조슈아 프리드먼

조슈아 프리드먼은 식스세컨즈의 대표이며 식스세컨즈 정서지능 프로그램
의 공인 마스터 코치다. 정서지능 분야의 세계적인 전문가로 정서지능을 일
과 삶에 도입해 조직의 업무성과를 향상시키고 개인의 삶을 행복하게 바꾸
어주었다. 각종 정서지능 훈련 프로그램들을 만들었고, 사회적 정서학습 분
야의 선구자적 접근법인 '자기과학Self-Science'을 창시하기도 했다.

그가 대표를 맡고 있는 '식스세컨즈'는 정서지능 전문가와 연구원 등으로 이
루어진 세계 최대 규모의 비영리단체다. 식스세컨즈 정서지능 프로그램은
150개국 이상에서 20여 개 언어로 시행되고 있고, 정서지능에 대해 배우고
가르치는 데 필요한 실용적인 툴도 제공하고 있다. 조슈아 프리드먼은 미 해
군에서 리더들을 가르치고 있고, 아마존Amazon.com에서 인간관계 리더십
을 심화시켜주고 있으며, 카타르항공에서 고객지향의 문화를 구축하고 있

고, 싱가포르 폴리테크닉 사에서 성공을 위한 평생학습에 활력을 불어넣고 있는 등 정서지능을 이용해 조직과 개인의 성공과 행복을 돕고 있다. 저서로는 《활력조직》, 《내적 변화》, 《정서지능》, 《정성 어린 육아》 등이 있고, 정서지능에 관한 사례연구와 논문도 수십 편 이상 썼다.

| 옮긴이 |

박우춘, 김태균

기업교육전문기관 루트컨설팅 경영진이며 지난 20여 년간 한 사무실에서 동고동락하는 선후배이기도 하다. 정서지능 글로벌 네트워크 식스세컨즈 한국 대표부를 설립했고, 한국 마스터 컨설턴트로 활동하고 있다.

식스세컨즈(6seconds.org)는 한국 파트너인 ㈜루트컨설팅과 함께 식스세컨
즈 정서지능개발 방법론인 KCG 모델과 8대 역량을 활용한 다양한 정서지
능 프로그램을 제공하고 있습니다.

리더십 프로그램
- SEI 리더십 리포트(LR)를 활용한 정서지능 리더십 프로그램
- 리더십 바이탈 사인(LVS)를 활용한 바이탈사인 리더십 프로그램
- 각 진단도구는 개인진단과 360도 다면진단으로 이루어집니다.

조직개발 프로그램
- 브레인 프로필을 활용한 조직개발, 조직활성화 프로그램
- 팀, 조직 바이탈 사인(TVS, OVS)을 활용한 조직 바이탈리티 프로그램

학교(학생, 학부모, 교직원) 프로그램

· SEI 유스 버전youth version 리포트를 활용한 아이 정서지능 프로그램

· 교육 바이탈 사인(EVS)를 활용한 학교조직 바이탈리티 프로그램

· 브레인 프로필을 활용한 창의력, 문제해결력 프로그램

· 정서지능 향상이 필요한 학생/학부모/교직원 개인 프로그램

교육신청 및 문의 :

루트컨설팅 홈페이지 www.rootconsulting.co.kr

루트컨설팅 블로그 blog.naver.com/consulting14

전화 031-726-0949 / 이메일 root@rootconsulting.co.kr

리더의 심장

2019년 3월 25일 초판 1쇄 발행
지은이 · 조슈아 프리드먼
옮긴이 · 박우춘, 김태균

펴낸이 · 김상현, 최세현
책임편집 · 최세현 | 디자인 · 임동렬

마케팅 · 권금숙, 김명래, 양봉호, 임지윤, 최의범, 조히라, 유미정
경영지원 · 김현우, 강신우 | 해외기획 · 우정민
펴낸곳 · ㈜쌤앤파커스 | 출판신고 · 2006년 9월 25일 제406-2006-000210호
주소 · 경기도 파주시 회동길 174 파주출판도시
전화 · 031-960-4800 | 팩스 · 031-960-4806 | 이메일 · info@smpk.kr

ⓒ 조슈아 프리드먼(저작권자와 맺은 특약에 따라 검인을 생략합니다)
ISBN 978-89-6570-771-4 (03320)

쌤앤파커스(Sam&Parkers)는 독자 여러분의 책에 관한 아이디어와 원고 투고를 설레는 마음으로 기다리고
있습니다. 책으로 엮기를 원하는 아이디어가 있으신 분은 이메일 book@smpk.kr로 간단한 개요와 취지,
연락처 등을 보내주세요. 머뭇거리지 말고 문을 두드리세요. 길이 열립니다.

The
Heart of
Leadership

식스세컨즈
정서지능 평가
무료진단 쿠폰